KB118873

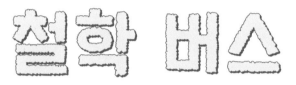

철학 버스

생각의 씨앗을 발견하는 열두 번의 부모 철학 수업

우서희 지음

디셀
에듀

아이들과 함께 떠나는
느릿느릿 철학 여행

철학 버스에 탑승하신 여러분, 만나서 반갑습니다. 여러분과 함께 여행을 떠날 수 있어 무척 설렙니다. 이 버스는 '의미 탐구'라는 목적지를 향해 느릿느릿 운행하는 철학 버스입니다.

혹시 '철학'과 '의미 탐구'라는 말이 좀 어렵게 느껴지더라도 걱정 마세요. 다행히도 우리 곁에는 우리를 도와줄 아이들이 있습니다. 아이들은 낯선 나라에 막 도착한 여행자의 눈으로 세상을 바라봅니다. 아이들의 엉뚱해 보이는 질문과 새로운 생각은 철학 대화에 생명을 불어넣어 줍니다.

철학을 하면 무엇이 좋을까요? 철학을 하면 아이들은 어떤 문제를 만나더라도 도망가지 않고, 문제를 똑바로 쳐다봅니다. 그리고 질문합니다.

한 친구와 눈만 마주치면 으르렁거리며 싸워서 그 친구가 너무 미워질 때, 철학을 하는 아이들은 '싸움이란 무엇인지', '우정이란 무엇인지'와 같은 질문을 통해 '그 문제가 우리 삶에서 어떤 의미를 지니는지' 답을 찾아갑니다.

문제의 의미를 찾는 과정은 한적한 시골길을 누비는 버스를 타고 천천히 여행을 하는 것과 비슷합니다. 문제와 싸우느라 가빠진 호흡을 잠시 고를 수 있습니다. 그리고 버스에 같이 탄 친구들과 서로 다른 생각을 와글와글 나눌 수도 있지요. 그러다 보면 그동안 놓치고 있던 것이 눈에 들어오기도 합니다.

철학 수업을 한 어느 날, 아홉 살 홍우가 말했습니다.

"철학은 사과 같아요. 그동안 사과의 겉껍질만 알고 깊이 생각을 안 해봤는데, 철학을 통해서 씨앗까지 알게 되었어요."

철학을 하지 않으면 우리는 일상의 겉껍질이 삶의 전부인 줄 알고 살아갑니다. 당장 눈앞에 나타난 문제를 처리할 방법만 생각하느라 바쁩니다. 그러나 문제의 의미를 탐구하는 대화를 나누다 보면 문제의 핵심을 꿰뚫는 씨앗을 발견하게 됩니다. 홍우의 말을 듣고 저는 물개 박수를 치면서 말했습니다.

"홍우야, 진짜 멋진 생각이다! 왜 너희들하고 철학을 하는지 그 이유를 이제야 알 것 같아."

홍우는 한마디 더 거들었습니다.

"아! 그리고 그 씨앗을 심으면 새로운 사과가 열매 맺을 수 있어요!"

새로운 사과! 삶의 겉껍질만 핥는 사람은 생각의 씨앗을 발견할수도, 심을 수도 없습니다. 새로운 생각을 할 수 없으니 자기 생각의 굴레에 갇혀서 매번 같은 자리를 맴돌 뿐입니다. 하지만 철학하는 사람은 문제를 내 삶에 꼭 필요한 경험으로 삼을 수 있게 됩니다. 그 경험을 밑거름 삼아 새로운 생각을 열매 맺을 수 있습니다.

저는 철학 동아리를 만들어 아이들과 함께 의미 탐구를 해왔습니다. 아이들은 자신이 발견한 생각의 씨앗을 기쁘게 나누어주었습니다. 아이들의 입에서 쏟아지는 지혜로운 말들이 사방으로 흩어지는게 아까워 함께 월간 잡지 「오삼불고기」와 「왕만두」를 만들어 기록했습니다. 교실에서 아이들과 어린이책을 읽고, 철학 대화를 나눈시간이 10년 넘게 흘렀습니다. 참 귀하고 소중한 시간이었습니다.

철학 대화를 꼭 교실에서만 할 수 있는 것은 아닙니다. 오히려 가정에서 부모와 아이가 함께할 때 더 큰 힘을 발휘합니다. 아주 작은아기로 태어나 뒤집고, 걷고, 말하고, 학교에 입학하는 도약의 시간을 아이가 무사히 지나올 수 있었던 이유는 부모가 곁에 있었기 때문입니다.

아이가 '아아아' 하며 옹알이를 하기 시작했을 때도, '엄마'라는 말을 처음 했을 때도 눈을 맞추며 함께 기뻐한 사람은 바로 부모입니다. 그래서 아이는 자기가 발견한 새로운 생각을 그 누구보다 부모에게 알려주고 싶어 합니다.

아이와 함께 대화해 주세요. 아이는 지금도 기다리고 있습니다. 부모가 자신의 말을 들어주기를, 자신의 생각이 햇빛을 향해 뻗어나가 새로운 사과로 빨갛게 익어가는 모습을 지켜봐 주기를 말입니다.

이 책은 아이의 깊은 생각을 알고 싶은 어른을 위한 철학 여행 안내서입니다. 제가 그동안 아이들과 나누었던 철학 대화를 가득 담았습니다.

1부에서는 12개의 철학 정거장으로 여행을 떠납니다. 권위부터 공부, 외모, 사랑, 죽음에 이르기까지 정거장마다 새로운 철학자들이 탑승하여 아이들과 함께 생각하고, 질문을 던지고, 반박을 이어갑니다. 어린이책도 우리의 탐험을 도와줍니다. 각 정거장의 끝에는 철학 개념을 한눈에 볼 수 있는 철학 여행 지도를 준비했습니다.

2부에서는 각 가정에서 철학 여행을 떠날 수 있도록 철학 대화를 나누는 구체적인 방법을 담았습니다. 만약 평소에 아이와 자주 대화를 나눠본 부모가 아니라면 일상 대화를 이어가는 것조차도 쉽지 않을 겁니다. 그런 분들을 위해 아이와 일상 대화를 잘하는 법부터 철학 대화로 넓혀가는 법까지 소개합니다. 더불어 ① 아이의 말을 듣는 법, ② 질문하는 법, ③ 어린이책을 고르는 법을 '철학 대화 3단계'로 정리했습니다.

제가 아이들과 함께 삶의 의미를 탐구했던 것처럼, 여러분도 아이의 손을 잡고 삶 구석구석에 숨어 있는 의미를 붙잡아보세요. 아이의 생각과 근거를 묻고 반박을 이어가다 보면, 익숙하고 낡은 생각의 껍질을 벗기고 삶의 의미를 만나는 기쁨을 맛볼 수 있습니다.

이 책이 아이와 함께 새로운 생각 씨앗을 발견하는 즐거운 여행의 시작이 되기를 바랍니다.

자, 철학 버스 출발합니다. 오라이!

2024년 2월

우서희

차례

1부

아이와 함께 떠나는 열두 번의 철학 여행

1장

스스로
생각하고
결정하기

정거장1: 권위

"숙제를
왜 해야 할까?"

초등학교 5학년인 원표는 '우서희 안티클럽'을 창단했습니다. 제가 그 사실을 알게 된 건 어느 점심시간이었습니다. 점심을 먹고, 양치를 하고 와서 자리에 앉으니 한 아이가 저에게 조심스럽게 다가와 작은 목소리로 말했습니다.

"선생님, 원표가 친구들이랑 선생님 안티클럽을 만들었대요."

저는 귀를 의심하며 다시 물어봤습니다.

"뭐? 무슨 클럽이라고?"

"우서희 안티클럽이요. 원표가 회장이래요."

저는 잠시 멍해졌습니다. 원표와 아이들이 제 앞에서 한 번도 불만을 터뜨리거나 화를 낸 적이 없었기에 더 이해할 수 없었습니다. 안티클럽은 연예인 안티팬이 모여서 욕하는 그런 모임이 아니던가요? 연예인 사진에 칼로 눈을 파내고 빨간 펜으로 피 눈물을 죽죽 그은 모습이 생각났습니다.

손이 떨리기 시작했습니다. 하지만 아이들에게 저의 당황한 모습을 들키기 싫었습니다. 특히 원표가 만든 '우서희 안티클럽'에 타격받은 모습을 보여주고 싶지 않았습니다.

그날의 마지막 수업 시간에 저는 반 아이들 앞에서 의연한 척 이야기했습니다. 불만이 있으면 저에게 말을 하라고요. 지금껏 너희들이 제안한 의견을 최대한 들어주기 위해 노력하지 않았느냐고요. 매주 금요일 6교시에 있는 학급 회의에서 너희들이 건의 사항을 제안할 때 내가 가능한 한 반영하지 않았느냐고요.

의연하게 말하고 싶었던 마음과는 다르게 목소리가 떨렸기에 아마 아이들도 제가 눈물을 꾹 참고 있다는 걸 눈치챘을 겁니다. 억울해서 눈물이 차올랐습니다. 제가 얼마나 열심히 가르치는지 하나도 몰라주는 것 같았습니다.

결국 아이들이 집에 가고 교실에 놀러 온 옆 반 선생님에게 우서희 안티클럽에 대해서 말하며 엉엉 울었습니다. 뭘 두고 갔다고 교실에 들어온 우리 반 회장 아이한테 그 모습을 들켜버리고 말았지만요.

다음 날 우서희 안티클럽 회장과 회원 셋은 저에게 와서 고개를 숙이고 죄송하다고 말했습니다. 잔뜩 긴장한 모습을 보니 아이들과 잘 이야기를 해봐야겠다는 생각이 들었습니다. 도대체 무엇이 불만이었는지 물어보았습니다. 아이들은 우물거리며 대답했습니다.

"숙제하는 게 싫었어요."

저는 매일매일 그날 배운 내용을 공책 한 쪽에 요약해서 정리하는 '배움 공책' 쓰기 숙제를 내줬습니다. 복습이 왜 중요한지, 공책을 어떻게 정리하는지, 칸칸마다 무슨 내용을 쓰면 좋은지 상세하게 안내해 주었어요. 숙제를 해오면 잘한 부분과 부족한 부분에 피드백을 해주었습니다. 그리고 숙제를 해오지 않으면 남아서 숙제를 하고 가야 했습니다.

원표와 아이들은 거의 매일 숙제를 안 해왔습니다. 이 아이들은 수업이 끝나고 아이들이 빠져나간 빈 교실에 앉아서 숙제를 했습니다. 그런데 제가 다른 아이들을 교문 앞까지 배웅하고 오는 사이에 숙제가 아니라 모의를 한 겁니다. 우리를 이렇게 교실에 남겨둔 선생님이 너무 싫다고. 뭐라도 하자고.

"숙제하기가 그렇게 싫었으면 나한테 직접 말하지 그랬어."

제 말에 아이들은 아무 대답도 하지 않고, 알 수 없는 표정을 지었습니다. 물의를 일으켰으니 책임질 일을 정하라고 하자 아이들은 일주일 동안 남아서 교실 청소를 하겠다고 했습니다. 학교에 남아

아이와 함께 떠나는 열두 번의 철학 여행

숙제하는 게 싫어서 우서희 안티클럽을 만들었는데, 결국 다시 남아서 청소를 하게 된 겁니다.

그렇게 사건은 일단락되었습니다. 그 후로 아이들이 숙제를 매일 꼬박꼬박 해왔는지 어땠는지 기억은 나지 않지만, 불만을 직접 말하라고 했을 때 원표의 알 수 없는 표정이 지금도 가끔 생각납니다.

숙제를 해야 하는 이유와 선생님의 권위

숙제하기 싫다는 불만은 쌓이고 쌓이다 터지면서 화살촉이 되어 저를 향해 날아왔습니다. 아이들은 왜 저를 공격하는 방식으로 불만을 터뜨렸을까요? 그것도 직접 불만을 말하면서 반항하지 않고 은밀하고 조직적인 방법으로요.

저는 철학자들이 이야기하는 권위의 개념을 공부하고 나서야 그 이유를 확실하게 알 수 있었습니다. 첫 번째로 만나볼 철학자는 해나 아렌트(Hannah Arendt)입니다. 제2차 세계대전을 겪은 아렌트에게 권위 개념은 매우 특별한 것이었습니다. 히틀러가 나치 대원을 시켜 유대인을 학살한 것이 진짜 권위에서 비롯된 일이 아님을 아렌트는 꼭 밝혀내고 싶었기 때문입니다.[1]

아렌트에 따르면 권위는 항상 복종을 요구합니다.[2] 그런데 복종이라는 말은 어쩐지 거부감이 듭니다. 복종은 무조건 시키는 대로 하라고 명령하는 무서운 얼굴을 떠오르게 합니다.

진정한 권위는 자율성을 존중한 복종을 의미합니다. 즉 권위는 시킨 일을 할지 말지 스스로 정할 수 있는 자율성을 존중하는 것입니다. 제가 원표에게 숙제를 하라고 했을 때도 원표는 숙제를 해오지 않을 자유가 있었습니다. 만약 원표가 자발적으로 숙제를 해왔다면 저는 원표에게 권위를 가지고 있는 것입니다. 하지만 원표는 숙제를 하기 싫었기 때문에, 숙제를 시킨 저의 권위에 흠집을 내는 방식으로 저항을 했습니다.

아이들이 안티클럽을 만들어서 어떤 구체적인 활동을 한 일은 전혀 없었습니다. (제 상상처럼 피 눈물 흘리는 저의 사진이 돌아다니지도 않았습니다.) 다만 반 아이들에게 '우리가 우서희 안티클럽을 만들었다'는 사실을 수군수군 알렸습니다.

선생님을 싫어하는 세력이 조직적으로 움직이고 있다는 그 자체만으로 저의 권위는 쉽게 금이 갈 수 있습니다. '선생님의 말씀을 듣기 싫다'는 메시지를 반 아이들에게 전달하니까요.

아렌트는 진정한 권위가 사라졌기 때문에 육아와 교육에 위기가 찾아왔다고 꼬집었습니다.[3] 부모와 교사가 진정한 권위로 아이를 이끌지 못하면 아이는 꼭 배워야 할 것을 배우지 못합니다.

부모와 교사의 통제를 벗어나 자기가 내키는 대로 자유롭게 행

아이와 함께 떠나는 열두 번의 철학 여행

동하는 아이들이 가득한 교실. 저는 그런 교실을 원하지 않습니다. 그러면서도 아이들 위에 군림하는 독재적인 교사가 되고 싶지도 않습니다.

아렌트가 말하는 진정한 권위는 도대체 무엇일까요? 자율성을 존중한 복종이라는 것이 가능한 일일까요? 아이들의 생각을 들어보았습니다.

선생님이 무섭게 하면 말을 잘 듣는 척을 해요

먼저 아이들에게 숙제를 왜 하는지 물어보았습니다.

"선생님이 숙제를 내주면 학생들은 숙제를 하잖아. 왜 숙제를 해야 하는 걸까?"

"혼날까 봐 무서워서 숙제를 해요."

아홉 살 지원이가 대답했습니다. 숙제를 안 해가면 선생님한테 혼나니까 숙제를 한다는 것입니다. 지원이의 말처럼 아이들은 무서운 선생님 말씀을 확실히 잘 듣습니다. 저는 아이들에게 무서운 선생님이 등장하는 그림책 『넬슨 선생님이 사라졌다!』*를 읽어주었

---

* 해리 앨러드 글·제임스 마셜 그림, 김혜진 옮김, 천개의바람, 2020.

습니다.

넬슨 선생님은 전혀 무섭지 않습니다. 언제나 친절하고 다정하고 상냥했습니다. 아이들은 넬슨 선생님의 말을 듣지 않았습니다. 수업 시간인데도 종이비행기를 날리고, 속닥속닥 떠들고 키득거렸습니다. 그래도 선생님은 아이들을 혼내지 않았습니다.

그러던 어느 날, 넬슨 선생님이 사라졌습니다. 대신 새까만 옷을 입고 새까맣게 화장한, 까마귀처럼 까만 바이올라 스왐프 선생님이 나타났습니다. 스왐프 선생님은 날카로운 목소리로 뾰족하고 긴 손톱을 세운 채 말했습니다.

"입 다물고 조용히 해!"

아이들은 스왐프 선생님의 수업 시간에 꼼짝 없이 공부만 했습니다. 장난도 치지 않고 바른 자세로 앉았습니다. 같은 아이들이 맞나 싶을 정도입니다.

그림책을 다 읽고 나서 저는 아이들에게 질문했습니다.

"스왐프 선생님처럼 무서운 선생님 말씀을 잘 듣는 이유가 무엇일까?"

"선생님이 무서우니까 일단 말을 잘 듣는 척을 하는 거예요. 마음속으로는 이 선생님이 바른 사람인지 의심을 하고 있어요."

여덟 살 홍우가 대답했습니다. 선생님이 무서워서 찍소리도 내지 않지만 진정으로 선생님 말씀을 듣고 있는 것도 아니라고 말했

아이와 함께 떠나는 열두 번의 철학 여행

습니다. 우리를 가르쳐도 될 '바른 사람'일지 의심하면서요.

스왐프 선생님은 아이들의 자율성을 존중하지 않고 권력을 이용해 복종만을 요구했습니다. 아렌트는 권위가 무엇인지 알기 위해서 가장 먼저 권위로 인정되지 않는 것에 대해 짚고 넘어가야 한다고 했습니다.[4] 바로 권력입니다.

권력도 권위와 마찬가지로 복종하게 만드는 힘이지만 이는 강제적으로 시키는 것입니다. 스왐프 선생님이 뾰족한 손가락을 휘두르며 조용히 하라고 쏘아붙일 때, 아이들은 선생님의 권위에 복종한 것이 아니라 선생님의 권력에 복종했습니다.

그런데 권력은 어른만 휘두를 수 있는 것이 아닙니다. 아이들도 권력을 휘두를 수 있습니다. 넬슨 선생님의 수업 시간에 종이비행기를 던지고 키득거리며 선생님 말을 무시해 수업을 진행할 수 없게 한 것처럼 말이죠.

권위가 살아 있는 교실에서는 아이들이 수업 시간에 공부할 수 있어야 합니다. 또 아이들이 자율적으로 자신의 생각과 마음을 이야기할 수 있도록 존중받아야 합니다. 아이들이 어른의 말을 잠자코 듣고만 있어야 한다면 아이의 생각과 마음은 더 이상 성장할 수 없습니다.

권위는 아이를 기존 세계의 질서로 안내할 책임이 있습니다. 동시에 아이의 자율성을 존중할 책임도 있습니다. 그럼 어떻게 해야 권력을 휘두르지 않고, 아이를 존중하면서 기존의 전통적인 세계로 안내할 수 있을까요?

어른 말을 잘 들으면 자다가도 떡이 생긴다

숙제를 왜 해야 하는지 물어봤을 때 홍우는 이렇게 대답했습니다.

"숙제는 저의 성장에 도움이 되니까요."

맞습니다. 숙제는 선생님이 아이를 괴롭히려고 내는 것이 아니라 아이가 잘 배울 수 있게 도와주려고 내는 것입니다. 숙제를 하면서 아이는 성장할 수 있습니다. 제가 원표에게 내준 숙제는 수업 시간에 배운 내용을 공책 한 쪽에 정리하는, 간단해 보이는 숙제지만 수많은 사람들이 연구한 학습이론과 인지이론을 바탕으로 효과가 검증된 학습 방법입니다.

배운 내용을 오래 기억하기 위해 그날 바로 복습하기, 학습 내용을 마인드맵으로 시각화하여 구조화하기, 내가 얼마나 알고 있는지 확인하기까지 알차게 꼭꼭 눌러 담은 공부법이지요. 아이들이 자신에게 도움이 될 것임을 확신하며 스스로 숙제를 한다면, 저는 아이들에게 권위를 행사한 것입니다.

자신에게 도움이 되기에 선생님이 내준 숙제를 한다는 이야기는 두 번째로 만나볼 철학자 조셉 라즈(Joseph Raz)의 봉사로서의 권위 개념과도 연결됩니다.[5] 라즈는 2022년에 타계한 현대 법철학자로 옥스퍼드대학교에서 법철학을 가르쳤습니다.

우리는 봉사로서의 권위 개념에 대해 익히 알고 있습니다. "어른 말을 잘 들으면 자다가도 떡이 생긴다"라는 속담을 들어보았을 겁니다. 어른 말을 들으면 좋은 일이 일어나니 잘 따라야 한다는 의미지요.

아이들이 학습이론과 인지이론을 연구하여 복습에 최적화된 공책 정리 방법을 혼자 찾아내기는 어렵습니다. 선생님이 먼저 연구한 공책 정리 방법으로 공부하는 편이 혼자 공부하는 것보다 효율적입니다.

학교가 끝났는데도 시간을 더 내어 책상에 앉아 공부하는 일은 고됩니다. 그러나 선생님이 숙제를 하도록 시킨다는 사실 자체가 아이에게 그 시간을 견뎌내게 하는 힘이 됩니다. 즉 선생님은 아이보다 더 많이 알고 있고, 혼자서 하기 어려운 일도 해낼 수 있도록 독려하기 때문에 권위를 가진 것입니다.

만약 오은영 박사님이 내준 숙제라면?

그런데 만약 다른 사람이 내준 숙제라면 어떨까요? 담임선생님이 아니더라도 아이에게 도움이 되는 숙제가 무엇일지 아는 사람은 많습니다. 다시 홍우에게 물어보았습니다.

"만약에 말이야. 네가 학교 끝나고 집에 가고 있는데 모르는 사람이 '이거 진짜 공부에 도움이 되는 숙제예요. 한번 해보세요'라고 말하면 그 숙제를 할 거야?"

"글쎄요. 모르는 사람은 따라가지 말라고 하잖아요. 모르는 사람이 내주는 숙제라면 위험할 수도 있을 것 같아요. 그래서 해도 되는지 아닌지 담임선생님께 물어보고 할 것 같아요."

"선생님께서 괜찮다고 하시면 어떨까?"

"의심이 풀어져요. 그래도 살짝 의심이 남아 있을 것 같아요."

모르는 사람이라고 하니 홍우가 경계했습니다. 그리고 그 경계를 풀어줄 수 있는 대상으로 담임선생님을 꼽았습니다. 홍우는 담임선생님이 자신을 위험에 빠뜨리지 않을 것이라는 믿음이 있었습니다. 선생님은 아이들을 위험하지 않게 보호해야 할 책임이 있지요.

이번에는 경계를 풀어주기 위해 홍우도 아는 유명인의 권위에 기대보았습니다.

아이와 함께 떠나는 열두 번의 철학 여행

"오은영 박사님이 내주는 숙제라면 어떨 것 같아? 오은영 박사님이 '이거 진짜 너에게 큰 도움이 되는 숙제야. 여름방학 숙제로 내주고, 방학이 끝나면 검사할게!' 한다면 그 숙제를 할 거야?"

"일단은 오은영 박사님이 숙제를 왜 내시는지 궁금할 것 같아요. 그 다음에는 검사를 또 어디서 할지 궁금할 것 같아요."

"그러네. 담임선생님은 매일 학교에 나오시니까 따로 약속을 정해서 만날 필요가 없지. 만약에 오은영 박사님이 개학 날 여기로 온다고 약속을 정하면?"

"그래도 그 사람이 비슷하게 생긴 사람일 수도 있잖아요."

"오, 진짜 그럴 수도 있겠다! 세상에는 닮은 사람이 진짜 많잖아! 아주 훌륭한 의심이야. 그럼 만약에 말이야……."

제가 계속 만약의 상황을 덧붙이니 홍우가 제 질문을 듣기도 전에 씨익 웃었습니다.

"선생님이 계속 상황을 복잡하게 만들지? 우리가 지금 바로 '철학'을 하고 있는 거야. 홍우는 합리적인 의심을 하고, 선생님은 하나의 상황을 다양한 각도로 볼 수 있게 계속 질문을 하고 있어. 자, 그럼 진짜 만약에 말이야. 오은영 박사님이 교실로 수업을 하러 오셨어. 그러면 어떨까?"

"어떻게 교실에 들어왔는지 물어볼 것 같아요. 담임선생님의 허락을 받았다면 괜찮을 것 같아요."

홍우는 아무리 오은영 박사님이 교실로 찾아와 숙제를 내준다고 하더라도 담임선생님의 허락을 받아야 만날 수 있으며, 담임선생님에게 그 숙제를 해도 괜찮은지 물어보고 나서야 할 마음이 생긴다고 했습니다.

홍우가 담임선생님이 내준 숙제는 한 번도 의심하지 않았는데, 다른 사람이 내준 숙제를 의심하는 이유는 무엇일까요?

큰 책임에는 큰 힘이 따른다

그 이유는 이번 정거장의 마지막 철학자인 스콧 허쇼비츠(Scott Hershovitz)가 알려줄 수 있습니다. 허쇼비츠는 앞서 '봉사로서의 권위' 개념을 주장한 철학자 조셉 라즈의 제자입니다. 라즈 덕분에 옥스퍼드대학교에서 법철학을 공부할 수 있었던 허쇼비츠는 라즈의 제자가 되자마자 라즈가 주장한 봉사로서의 권위 이론이 틀렸다고 맹렬히 비판했습니다. 기존 철학을 비판하고, 그 위에 새로운 이론을 쌓아가는 것이 철학자의 일이니까요.

허쇼비츠는 A가 아무리 어떤 일에 대해 B보다 잘 알고 있다고 해도 B에게 그 방법대로 하라고 강요할 수는 없다고 주장했습니다. B에게는 자기 방식대로 그 일을 할 수 있는 자유가 있기 때문입니다. 즉, 아무리 유명한 오은영 박사님이라도 아무 교실에 들어가 숙제를 내줄 수는 없습니다.

A가 B에게 권위를 행사할 수 있는 이유는 B보다 많이 알기 때문이 아니라 B에 대해 책임이 있기 때문입니다. 담임선생님은 아이를 건강하고 바르게 자라도록 도와줄 책임이 있습니다.

숙제를 내주었을 때 잘 해왔는지 확인할 책임, 만약에 못 했다면 어떻게 해야 할지 알려줄 책임, 숙제뿐만 아니라 아이를 성장으로 이끌 배움을 제공할 책임, 아이들끼리 싸웠을 때 서로의 마음을 확인하고 사과해서 좋은 관계를 유지할 수 있게 도와줄 책임, 복도에서는 뛰면 안 된다는 사실을 알려줄 책임, 뛰다가 다쳤다면 부모님과 보건선생님께 연락할 책임, 동시에 교실에 있는 다른 아이들이 이 사태에 어떻게 반응하면 좋을지 알려줄 책임 등. 선생님이 지닌 책임은 정말 많습니다. 하나하나 다 적자면 이 책이 끝날지도 모릅니다.

허쇼비츠는 '큰 힘에는 큰 책임이 따른다'는 스파이더맨의 좌우명을 뒤집어 이렇게 말합니다.

"큰 책임에는 큰 힘이 따른다."[6]

어른에게는 아이를 돌볼 책임이 있기 때문에 아이에게 이것저것 다양한 일을 시킬 수 있는 것입니다. 아이가 복도에서 뛰다가 다쳤을 때 아이가 안전하게 치료받을 수 있게 도와줄 책임이 선생님에

게 있기에 복도에서 뛰지 말라고 지시할 수 있습니다. 아이가 공부를 하다가 모르는 것을 알려줄 책임이 있기에 숙제를 해오라고 지시할 수 있습니다.

부모는 아이에게 더 큰 책임을 집니다. 선생님이 담임을 맡은 1년 동안 책임을 진다면, 부모는 평생 동안 책임을 짊어지고 갑니다. 한 아이를 건강하고 안전하게 길러 어른으로 성장시키기 위해서 부모는 자신의 인생을 통째로 바쳐야 할 만큼 막대한 책임을 지고 있습니다.

그 책임감은 부모의 어깨를 짓누르지만 그렇기에 아이에게 지시할 수 있고, 아이는 그 지시에 복종할 의무가 있습니다.

그리고 그 일은 언제나 어렵습니다. 어른의 지시에 아이가 바로 따른다면 우리가 이렇게까지 권위라는 개념을 애써 길게 파헤칠 필요도 없었을지 모릅니다.

부모에게는 아이를 밤에 일찍 재울 책임이 있어 더 놀고 싶어 하는 아이에게 지금 어서 자라고 명령합니다. 동시에 어른에게는 아이의 새로움을 지켜줄 책임도 있기에 일찍 자고 싶어 하지 않는 아이에게 뜨거운 화를 내뿜지 말아야 합니다.

아이에게 동아줄을 내려주듯이

첫째 아이가 자기 생각을 말할 수 있게 되었을 무렵, 아이를 재우기 위해 한참 실랑이를 벌였습니다.

"이제 잘 시간이야."

"더 놀고 싶어."

"벌써 10시가 한참 넘었잖아."

"더 놀고 싶다고. 난 놀지도 못하고. 맨날 자야 하고!"

대성통곡이 이어집니다. 하루 종일 놀았는데 그건 다 어디로 사라진 건지 정말 의문입니다. 눈물과 콧물이 범벅된 아이의 얼굴을 닦으며 전략을 바꿨습니다.

"엄마가 먼저 방에 들어가 누워 있을게. 졸리면 와."

혼자 놀다가 슬쩍 옆에 와서 누운 아이가 어두운 방을 두리번거리다 질문합니다.

"엄마, 밤은 왜 오는 거야?"

"햇님이 자러 가서 밤이 오는 거야."

"왜?"

"안 자면 내일 피곤하잖아."

"난 안 피곤한데? 그럼 안 자도 되겠다!"

이 전략도 실패입니다. 이렇게 저는 매일 밤 새로운 방법을 써가며 아이를 재웁니다. 토닥토닥하며 노래를 불러주고, 겨우 잠에 드는가 싶으면 벌떡 일어나 물을 마시고 싶다기에 물을 준비해 주고, 옛날이야기도 들려주다 보면 결국 아이는 잠에 듭니다.

옛날이야기를 들려주며 아이를 재우던 어느 날 밤, 저는 권위가 꼭 동아줄 같다는 생각이 들었습니다. 호랑이에게 쫓기는 오누이에게 하늘에서 내려준 동아줄이요.

호랑이는 "떡 하나 주면 안 잡아먹지!" 하면서 엄마의 떡을 다 훔쳐 먹고, 엄마도 잡아먹고, 급기야 엄마인 척하면서 집에 쳐들어와 오누이를 잡아먹으려고 하지요. 현실에는 호랑이 같은 위험이 득시글거립니다. 그래서 어른은 아이를 안전하게 보호해 줄 책임이 있습니다.

아이에게 어떤 지시도 하지 않는 건 동아줄을 아예 내려주지 않는 것과 같습니다. 현실에서 혼자 살아남으라고 하는 것이지요. 그렇다고 썩은 동아줄을 내려주어서도 안 됩니다. 아이에게 정확한 지시를 하지 않고 화를 쏟아내면 썩은 동아줄을 내려주는 것과 똑같습니다. 아이가 상처만 입을 뿐, 기존 세계의 질서를 배울 수 없습니다.

아이가 동아줄을 잡지 않으면 동아줄은 그냥 허공에 대롱거리는 줄이 되고 말 뿐입니다. 그 누구도 따르지 않는 권위는 더 이상 권위가 아닙니다. 아이가 잡고 싶어 할 튼튼한 동아줄을 내려줄 책임이 어른에게 있습니다.

튼튼한 동아줄을 잡은 오누이는 하늘로 건너와 해와 달이 되었습니다. 해와 달이 없다면 어른의 세계에는 컴컴한 암흑만 존재하게 될 겁니다. 그렇지만 어른이 튼튼한 동아줄을 아이들에게 내려준다면 아이들은 기다렸다는 듯이 어른의 세계로 건너와 컴컴한 하늘을 비추어줄 것입니다. 눈부시게, 환하게, 따뜻하게요.

새로운 생각을 발견하는 철학 여행 지도

1. 권위 정거장에서 만나는 철학 개념

☑ 권위   ☑ 권력   ☑ 책임

2. 부모를 위한 길잡이 질문

아이가 숙제를 하기 싫어한다면 억지로 숙제를 시키려다가 부모와
아이 모두 감정이 상하는 일이 생기기 쉽다. 오늘은 숙제를 잠시 미
뤄두고 아이와 함께 숙제를 해야 하는 이유를 '권위'에서 찾아보자.

☑ 무섭지 않은 어른의 말은 안 들어도 될까?

☑ 어른이 시키는 일을 왜 해야 할까?

3. 권위 정거장에서 나누는 철학 대화

◆ 권위는 무엇일까?

A가 B에게 어떤 일을 시켰을 때 B가 그 일을 스스로 한다면 A는 B
에게 권위를 가지고 있어. 자율성이 있으니 B는 그 일을 하지 않을
수도 있어.

✦ 권위와 권력은 무엇이 다를까?

강제적으로 복종하게 하는 힘이야. A가 B에게 어떤 일을 시켰을 때 B가 그 일을 반드시 해야 한다면 A는 B에게 권력을 휘두르고 있어. B가 그 일을 하지 않으면 위험에 처하거나 두려움에 떨게 돼.

✦ 권위가 있는 사람은 무엇이 있을까?

A가 B에게 권위가 있을 때 A는 B가 기존 세계의 일원으로 자라날 수 있게 B의 새로움을 보호하고 지켜줄 책임이 있어.

✦ 숙제를 왜 해야 할까?

선생님에게 권위가 있기 때문이야. 권위는 책임을 지는 사람에게 있어. 선생님은 너에게 공부를 알려줄 책임이 있거든. 그래서 너에게 숙제를 해오라고 지시할 수 있어. 네가 숙제를 스스로 할 때 선생님의 권위는 완성되는 거야.

권위　　　　　　　　　　공부　　　　　　　　　　자유

정거장2: 공부

"공부를 대신 해줄
복제 인간이 있다면?"

"공부는 자기 자신을 위해 하는 거라고 아무리 설명해도 민희는
제가 시켜서 한다고만 생각해요."

민희 어머니는 저에게 도움을 요청했습니다. 초등학교 5학년이
되었으니 스스로 계획표를 세우고 그에 맞추어 공부를 하면 좋겠
는데, 미적미적 누워서 핸드폰만 하려고 하는 민희 모습이 너무 답
답하다고 말했습니다. 공부하라고 잔소리를 하는 것도 이제 지쳐간
다고요.

민희 어머니만 이런 고민을 하는 게 아닙니다. 숙제를 제쳐놓고
세월아 네월아 여유 부리며 놀고 있는 아이를 보고 많은 부모가 한

숨을 쉬었을 겁니다. 아이들은 왜 공부하기를 싫어할까요? 저는 공부에 대한 아이들의 생각이 궁금했습니다. 공부 때문에 혼난 경험이 있는지 철학 수업을 듣는 동아리 아이들에게 질문을 시작했습니다. 지성이가 진지한 얼굴로 대답했습니다.

"저는 없어요."

그러자 동생 지후가 외쳤습니다.

"거짓말! 여기 증인이 있다!"

다 같이 웃음을 터트렸습니다. 은수가 말했습니다.

"공부로 혼난 경험이 없다고 말한다면 그건 거짓말이에요. 저도 하루 종일 놀기만 해서 셀 수 없을 만큼 많이 혼났어요."

"어떻게 혼나?"

"아빠는 '너는 커서 뭐가 되려고 그러니?'라고 하시고요. 엄마는 약간…… 살짝…… 그 무서운 분위기가 있거든요. 그래서 눈치를 살살 보면서 혼나기 전에 공부해야 해요."

아이들은 공부하지 않아서 혼난 경험이 누구에게나 있다고 말했습니다. 공부가 대체 뭐길래 혼나면서까지 해야 하는 걸까요?

아이들에게 배움의 감동을 전해주기 위해 그림책 『나는 [ ] 배웁니다』*를 함께 읽어보았습니다. 이 책의 주인공은 특이하게도 안경

* 가브리엘레 레바글리아티 글·와타나베 미치오 그림, 박나리 옮김, 책속물고기, 2018.

아이와 함께 떠나는 열두 번의 철학 여행

쓴 얼굴로만 빼꼼 등장합니다. 머리카락도 몸도 가려져 있습니다. 주인공은 파란 물에서 수영을 하고, 빨간 자전거를 배워서 타고, 노란 텔레비전으로 외국어를 배웁니다. 주인공의 생일 파티 날, 드디어 주인공의 얼굴이 드러납니다. 일흔네 살의 할머니인 주인공은 기뻐하며 생일 촛불을 끕니다.

저는 백발의 할머니도 매일매일 배우며 살아가는 것처럼 우리도 언제나 공부를 해야 한다고 아이들에게 말하고 싶었습니다. 살아가는 일은 새로운 일을 배우는 것과 마찬가지라고 말이죠. 그러나 선혜는 이 그림책을 읽고 공부와 배움은 다르다고 딱 잘라 말했습니다.

"배움은 태어나서 죽을 때까지 끝이 없지만 공부는 학교를 졸업하면 끝나요. 국어나 수학, 사회, 과학 같은 교과목은 학교가 끝나면 더 이상 공부하지 않잖아요."

그렇습니다. 학교를 졸업하면 교과서로 교과목을 배울 일은 없습니다. 지성이는 공부와 배움의 목적이 다르다는 점을 짚었습니다.

"잘 배우면 삶의 지혜를 얻을 수 있어요. 반대로 공부를 잘하면 원하는 대학에 가거나 원하는 직장을 얻을 수 있고요."

아이들에게 공부는 미래의 성공을 위한 수단이었습니다. 민희 어머니가 아무리 '공부는 너를 위한 것'이라 말해도 민희에게 가닿지 않았던 이유는 현재의 민희를 위한 것이 아니라 미래의 민희를 위한 것이기 때문입니다.

당장 내일 일어날 일도 불확실한 세상에 살면서 10년 후의 자신을 위해 공부를 한다고 하니 아득하기만 합니다. 좋은 직업이 중요한 건 알지만 책상에 붙들려 있을 만큼 아이들에게는 절실하지 않습니다. 그래서 아이들과 저는 먼 미래 말고 공부를 하는 지금 이 순간에 느낄 수 있는 기쁨을 찾아보기로 했습니다.

복제 인간이 대신 공부해 준다면 정말 좋을까?

아이들에게 공부란 무엇이라고 생각하는지 질문하자 먼저 지성이가 대답했습니다.

"공부를 해야 내가 원하는 직업을 가지거나 꿈을 이룰 수 있어요."

"그건 공부를 해서 내가 얻을 수 있는 것에 대한 말이지, 공부가 무엇인지에 대한 대답은 아니야. 공부를 해서 좋은 점 말고, 공부가 뭔지 생각해 보자. 단단한 수박 껍질을 벗기면 부드러운 속살이 나오는 것처럼 공부를 향한 나의 마음을 벗기고 공부를 들여다보자. 공부란 뭘까?"

아이와 함께 떠나는 열두 번의 철학 여행

지성이는 곰곰이 생각하더니 다시 대답했습니다.

"공부는 교과서를 읽고 문제를 푸는 거예요."

선혜도 덧붙였어요.

"문제를 풀려면 내용을 이해하고 외워야 해요."

아이들은 공부가 자신이 알지 못하는 낯선 개념을 읽고 이해하고 외우는 과정이라고 말했습니다. 낯선 개념이 새로워서 재미있을 때도 있지만 어려워서 지루할 때도 있지요. 읽고 이해하고 외우는 과정은 고도의 지적인 활동이라 기술을 연마할 필요도 있습니다.

아이들의 말을 듣고 보니 공부는 암벽등반 같았습니다. 거대한 돌산을 맨몸으로 타고 올라야 하는 암벽등반처럼 공부도 알지 못하는 세계에 도전해야 합니다. 그러다 보면 포기하고 싶은 순간이 찾아오기도 합니다.

『이게 정말 나일까?』*의 주인공 지후도 공부를 싫어합니다. 지후는 도우미 로봇을 '가짜 나'로 만들어 하기 싫은 일을 대신 시키려고 합니다. 지후처럼 아이들에게도 숙제를 대신 해줄 복제 인간이 있으면 어떨지 질문했습니다.

"공부는 어려워도 참고 견뎌야 하고 싫어도 해야 하니까 힘들잖아. 나 대신에 공부를 해주는 복제 인간이 있으면 어떨까? 복제 인

---

* 요시타케 신스케 글그림, 김소연 옮김, 주니어김영사, 2015.

간한테 공부시키고 마음껏 놀 수 있다면?"

저는 아이들이 신나할 줄 알았는데 의외의 대답이 돌아왔습니다. 선혜가 말했습니다.

"공부를 복제 인간이 대신 하면 공부를 하고 났을 때의 뿌듯함을 느낄 수가 없어요."

그렇습니다. 뿌듯함은 힘들게 공부를 해본 사람만이 느낄 수 있지요. 문제를 풀다가 어려워서 포기하고 싶을 때는 어떻게 하느냐고 물어보니 지성이가 말했습니다.

"문제를 풀면 계단을 올라가는 것처럼 스스로 한 걸음씩 올라가고 있다고 상상해요."

지성이가 아래에서 위로 손을 한 계단씩 올리며 말했어요. 복제 인간이 대신 공부해 주면 어려운 문제를 포기하지 않고 결국 풀어냈을 때 느끼는 성취감을 얻을 수 없습니다. 지성이가 덧붙였습니다.

"복제 인간은 공부하면서 똑똑해지고 나는 멍청해지잖아요. 공부도 꼭 필요한 경험이에요."

공부를 하면 똑똑해집니다. 어려운 문제와 맞서 싸우니까요. 은수도 선혜와 지성이의 말에 동의했습니다.

"복제 인간에게 공부를 시켜도 결국 책임은 자기가 져요. 복제 인간이 공부를 하면서 똑똑해질 동안, 진짜 저는 제자리걸음이잖아요."

어렵고 힘들지만 시간을 들여 공부를 했을 때 느끼는 뿌듯함, 공부를 하기 전보다 한 뼘이라도 더 똑똑해지는 느낌. 이게 바로 공부를 하는 순간에 느낄 수 있는 기쁨입니다. 그래서 아이들은 나를 복제한 인간이더라도 공부만큼은 양보하고 싶지 않다고 말한 것입니다.

공자가 알려주는 공부 잘하는 비법

성취감을 느끼면서 지식도 쌓고 싶다면 공부를 해야 합니다. 이왕 하는 공부, 어떻게 하면 잘할 수 있을까요? 이 질문에 공자만큼 잘 대답해 줄 수 있는 사람은 없을 것입니다.

공자는 기원전 551년에 중국 노나라에 태어난 춘추전국시대의 철학자입니다. 『논어』는 공자가 세상을 떠난 후에 공자와 그 제자들의 대화를 기록하여 펴낸 책이지요.

공자는 공부를 정말 좋아했습니다. 어느 날 섭공이 공자의 가장 나이 많은 제자 자로에게 공자가 어떤 사람이냐고 물었습니다. 자로가 선생님의 특성을 한마디로 말하기가 어려워 우물쭈물하며 대꾸를 못 하자 공자가 이렇게 말했다고 합니다. 공자의 자기소개인 셈입니다.

"자네는 왜 이렇게 이야기하지 않았는가. '그 사람의 됨됨이는, 한 가지 주제에 깊이 빠지면 밥 먹는 것도 잊고 그 즐거움에 삶의 시름마저 잊어버려서 황혼이 찾아오는 것조차 의식하지 못합니다.'"[7]

공자는 공부하는 것이 즐거워 시간 가는 줄 모르고 삶의 시름마저 잊어버린 사람입니다. 공부를 이만큼이나 좋아했으니 어떻게 하면 잘할 수 있는지도 알고 있을 터입니다.

그런데 먼저 한 가지 짚고 넘어갈 점이 있습니다. 기원전 춘추전국시대의 공자가 했던 공부와 지금의 공부가 같을까요? 공자가 말하는 공부에는 특정한 과목이 있었습니다. 이를 육예(六藝)라고 합니다.[8] 육예는 예(禮)·악(樂)·사(射)·어(御)·서(書)·수(數)를 말합니다.

육예	내용	가치
예(禮)	예의와 예절 배우기, 제사 지내기	정서 함양
악(樂)	노래 부르기, 춤 추기, 악기 연주하기	
사(射)	활쏘기	군사 훈련
어(御)	말타기	
서(書)	독서, 글쓰기	지식 증진
수(數)	날짜 세기, 측량하기, 천문 관측하기	

공자가 강조하는 여섯 가지 교육 과목

아이와 함께 떠나는 열두 번의 철학 여행

육예를 보면 공자 시대의 공부가 요즘 아이들이 배우는 것과 비슷하다는 점을 알 수 있습니다. 배우는 내용은 저마다 조금씩 다르지만 배워야 하는 지식 체계가 있다는 점, 그리고 그 지식 체계가 촘촘하게 짜여 있다는 점, 배움을 실천하는 것을 중요하게 여긴다는 점이 비슷합니다.

공자의 공부와 현시대를 살아가는 아이들이 배우는 공부가 같은 방향을 추구한다면 공자에게 어떻게 하면 공부를 잘할 수 있는지 물어볼 수 있습니다.

공자는 공부하는 태도를 강조합니다. 특히 공자처럼 공부를 잘하기 위해서는 세 가지 태도가 필요하다고 합니다.[9] 첫 번째는 '성실한 태도'입니다. 매일매일 공부를 놓지 않고 하는 것이지요. 성실하게 공부하는 것은 어렵습니다. 공부할 힘이 부족하다는 제자 염구의 말에 공자는 이렇게 반박합니다.

"힘이 부족한 자는 중간에 그만둔다. 지금 너는 (할 수 없다고) 선을 그었다."

'나는 잘할 수 없다'고 생각하는 것은 스스로 선을 긋는 행동입니다. 힘이 부족하기 때문에 그만두는 게 아니라, 할 수 없다고 미리 선을 긋고 그만두기에 힘이 부족한 것입니다. 포기하고 싶을 때도 포기하지 않고 나아가는 사람이 공부를 잘할 수 있습니다.

두 번째는 '스스로 하는 태도'입니다. 스스로 배우고자 하는 의지가 없으면 아무것도 배울 수 없습니다.

"'어떻게 해야 하는가?'라고 묻지 않는 자에 대해서는, 내가 어떻게 할 수가 없다."[10]

궁금해하지 않는다면 아무리 공자라도 가르쳐줄 수 있는 것이 없습니다. 어떻게 해야 하는지 궁금해한다는 것은 알고 싶어서 답답하고, 표현하고 싶어서 애쓰는 단계입니다.

이것이 바로 공부가 어려운 이유입니다. 이해가 안 돼서 머리를 쥐어뜯는 답답함을 느끼고, 이해한 내용을 설명할 수 없어서 입 안에 모래가 까끌거리는 느낌도 들지요. 그럼에도 공부를 포기하지 않고 계속한다면 즐거움을 느낄 수 있는 단계가 찾아옵니다.

세 번째는 '즐거워하는 태도'입니다. 이는 공자처럼 공부를 하다가 밥도 잊어버릴 만큼 몰입했을 때 느낄 수 있는 것입니다. 「학이」편의 첫 문장, '학이시습 불역열호(學而時習 不亦說乎)'에서 즐거워하는 태도가 잘 드러납니다.

"배우고 때에 맞춰 몸에 익히면 기쁘지 않겠는가?"

여기서 기쁨에 해당하는 열(說)은 모르는 것을 깨우쳤을 때 느껴지는 내적인 만족감입니다. 선혜가 말한 뿌듯함과 같습니다. 저는 이 뿌듯함을 수학 문제를 푸는 아이들에게서 자주 발견합니다. 문제가 풀리지 않아 끙끙거리고 있다가 결국 문제를 푸는 열쇠를 발견했을 때의 쾌감!

아이와 함께 떠나는 열두 번의 철학 여행

박수를 치며 환호하는 아이의 표정에서 바로 '열'을 느낄 수 있습니다. 이런 기쁨이 있어야 어려운 것에도 도전하며 포기하지 않을 수 있습니다.

앞의 개가 짖으면 따라 짖는 한 마리의 개

공자가 알려준 공부를 잘하기 위한 세 가지 태도를 통해서 제가 알게 된 것이 있습니다. 한 방에 공부를 잘하게 해준다는 비법이 있다면 그 비법은 가짜라는 사실이지요. 느리더라도 꾸준히, 스스로 재미있게 하는 공부를 따라잡을 방법은 그 어디에도 없습니다.

그런데 공자가 말한 세 가지 태도는 말로는 쉽지만 실제로 실천하기는 굉장히 어렵습니다. 이지에게도 그러했습니다. 이지는 1527년에 명나라에서 태어난 철학자입니다. 그는 하급 관리로 일하다가 일을 그만둘 무렵 54세의 나이로 공부를 시작했습니다.[11] 『분서』와 『속 분서』를 비롯해 6권의 책을 남겼지요.

그는 공부를 하기 전의 자신을 '한 마리의 개'와 다름없었다고 했습니다. "앞의 개가 그림자를 보고 짖으면 나도 따라서 짖어댔다"고 말하며, 사람들이 왜 짖느냐고 물어보면 웃기만 할 뿐 대답도 못했다고 했지요.

그러다 이지는 친구들의 권유로 쉰 살이 넘어 공부를 시작했습니다. 공부를 시작해 공자를 이해하고 나서야 짖는 일을 멈추고 마침내 어른이 되었다고 말했습니다.

초등학생인 상훈이는 이지보다 더 어린 나이에 공부의 즐거움을 깨달았습니다. 열한 살인 상훈이는 수학을 정말 싫어했습니다. 저는 매일 점심시간에 반 아이 한 명씩과 돌아가며 점심을 먹었습니다. 그때 상훈이에게 고민이 있는지 물어보았더니 근심 어린 표정으로 말했습니다.

"엄마는 제가 얼마나 힘든지도 모르고 수학 공부를 빡세게 시켜요."

"빡세게? 얼마나 빡세게 하는데?"

"매일 수학 공부방에 가거든요? 거의 밤 9시~10시가 다 돼서 집에 와요."

"늦게 오는구나."

"그날 문제를 다 못 풀면 집에 못 가거든요."

"문제가 많이 어려운가보다."

"막 어려운 문제는 아닌데, 하기 싫어서 미루다 보니까 그렇게 되더라고요."

상훈이는 밤 10시까지 내내 수학 문제의 답을 고민하거나, 안 풀리는 문제를 너무 풀고 싶어서 다른 것도 잊은 채 공부하다가 늦게

아이와 함께 떠나는 열두 번의 철학 여행

가는 게 아니었습니다. 하기 싫은 마음에 계속 미루다가 시간이 다
되었을 때 겨우겨우 하기 때문에 늦었던 것입니다. 상훈이에게 다
시 물어봤습니다.

"엄마한테 힘들다고 말해봤어?"

"힘들다고 해봤는데, 다 너를 위한 일이라고 하니까 할 말이 없
어요."

다행히도 저는 상훈이에게 무엇이 필요한지 알고 있었습니다.
공부는 스스로 즐거워서 해야 하는 것입니다. 그래야 매일매일 성
실히 할 수 있습니다. 저는 상훈이가 좋아하는 것을 공략하기로 했
습니다.

"수학 공부가 힘들면 다른 공부는 어때? 네가 하고 싶은 공부는
뭐야?"

"음……. 생각해 볼게요."

"집에 가서 엄마께 한번 말씀드려 봐. 수학 공부방에서 공부하는
게 얼마나 힘든지, 대신에 네가 하고 싶은 일이 무엇인지."

저는 사실 상훈이가 무슨 공부를 좋아하는지 이미 알고 있었습
니다. 상훈이는 역사 연표를 줄줄 읊을 만큼 역사를 좋아합니다. 아
이들과 함께 만드는 잡지 「오삼불고기」에 '선사시대의 움집에 불
이 나면 어떻게 될까?'라는 질문을 던지는 글을 싣기도 했지요. 상
훈이는 역사 속의 한 시대에 푹 빠질 수 있었습니다.

며칠이 지나 상훈이가 저에게 말했습니다.

"선생님! 저 한국사 시험에 도전하기로 했어요!"

"와! 잘됐다!"

"그렇죠! 엄마랑 잘 이야기해서 수학 공부방은 그만두기로 했어요. 대신 역사 공부를 열심히 하기로 약속했어요."

"공부는 어떻게 하고 있어?"

"하루에 한 쪽씩 공부한 내용을 정리하고 있어요."

고민을 걷어낸 상훈이의 어깨 너머에 무지개가 잠시 떴습니다. 수학 공부를 하라고 하면 도망 다니던 상훈이는 스스로 역사 공부를 한다고 했습니다. 수학 공부방을 그만둔 상훈이는 놀이터가 아니라 즐거운 공부를 선택했습니다. 공부하는 것은 나를 복제한 인간에게도 뺏기고 싶지 않을 만큼 재미있고 뿌듯한 일이니까요.

아이와 함께 떠나는 열두 번의 철학 여행

✂──○ 새로운 생각을 발견하는 철학 여행 지도

1. 공부 정거장에서 만나는 개념

☑ 공부   ☑ 배움   ☑ 열(悅), 즐거워하는 태도

2. 부모를 위한 길잡이 질문

공부를 할 때마다 짜증을 내는 아이와 씨름하다 보면 여러 고민이 밀려든다. 잠시 조급한 마음을 내려놓고 공부가 무엇일지 함께 생각해 보자.

☑ 너를 대신하여 공부해 줄 복제 인간이 있다면 어떨까?

3. 공부 정거장에서 나누는 철학 대화

♦ 공부는 무엇일까?

공부는 국어, 수학, 사회, 과학, 영어 같은 교과목의 교과서를 읽으며 내용을 이해하고 외우는 거야. 문제를 풀고 내가 알고 있는 내용을 확인하는 것도 포함되지. 공부를 잘하면 원하는 대학에 갈 가능성이 높아져.

♦ 공부랑 배움은 무엇이 다를까?

배움은 태어나서 죽을 때까지 끝없이 하는 거야. 수영하는 법, 자전거 타는 법, 외국어를 하는 법, 다른 사람의 말을 듣는 법, 내 생각을 말하는 법 등도 배우는 내용에 포함되지. 잘 배우면 삶의 지혜를 얻을 수 있어.

♦ 공부를 왜 해야 할까?

'미래의 나'를 위해 현재를 희생하는 공부가 아니라, '현재의 나'를 위해 공부해야 하는 이유가 있어. 바로 포기하지 않고 어려운 문제를 풀었을 때 느낄 수 있는 짜릿한 성취감을 경험하기 위해서야.

♦ 공부는 어떻게 잘할 수 있을까?

'성실하게', '스스로', '즐겁게' 공부를 하면 돼. 여기서 즐거움은 모르는 것을 알게 되었을 때 느껴지는 뿌듯한 기분이지.

♦ 즐겁게 공부할 수 있는 분야가 없다면 어떻게 해야 할까?

좋아하는 분야를 만드는 데에도 끈기가 필요해. 좋아하는 게 하나도 없다는 생각이 든다면 그동안 배웠던 수업 중에서 재미있었던 시간을 떠올려보자. 그리고 왜 재미있었는지 생각해 보자.

아이와 함께 떠나는 열두 번의 철학 여행

정거장3: 자유

"친구가 내 의견에 반대하면
기분이 나빠요."

아이들과 함께 운영하는 철학 동아리에서는 다양한 주제로 이야기가 오고 갑니다. 학교 4층에 위치한 동아리실 앞에는 아이들이 쓴 시가 붙어 있습니다. 시의 제목은 동아리 이름인 '왕만두'입니다.

왕만두

왕만두가 대굴대굴
생각이 동글동글 굴러가
책 속으로 폭 빠지네?

왕만두 동아리는 책을 읽고 생각이 동글동글 굴러 커지는 곳입니다. 동아리에서는 자신의 생각을 자유롭게 이야기할 수 있지요. 동아리 아이들과 철학 수업을 한 지 3개월쯤 지난 어느 날, 수업을 하고 나서 느낀 점을 물어보았을 때 선혜가 대답했습니다.

"내 의견이 반박당하면 예전에는 화가 났는데, 이제는 누군가가 당연히 반박할 수 있다고 생각해요."

선혜의 말을 듣고 저도 모르게 얼굴에 웃음이 번졌습니다. 선혜가 멋져 보였거든요. 수업 시간에 선혜는 자신의 주장에 대해 다른 아이가 다른 의견을 내도 끝까지 차분하게 듣고 다시 자신의 의견을 말했습니다. 그 과정이 익숙해진다는 것은 굉장히 어려운 일입니다. 내가 펼친 주장이 반박당하는 일은 짜증나고, 창피하고, 불쾌하니까요.

소크라테스에게 반박당한 메논도 그랬습니다. 메논은 소크라테스에게 '전기가오리'라고 별명을 붙이기까지 했습니다.[12] 부유하고 잘생긴 19살의 메논은 67세의 소크라테스에게 '탁월함'을 배울 수 있는지 물었습니다. 고대 그리스에서는 덕이 있고 탁월한 자들이 정치를 할 수 있었기 때문에 장차 정치인이 될 메논에게 이는 중요한 문제였습니다.

소크라테스는 먼저 탁월함이 무엇인지 알아야 한다고 말하며 메논이 생각하는 탁월함이 뭐냐고 물었습니다. 메논은 자신 있게 탁월함의 특성에 대해 말하다가 결국 자신이 탁월함에 대해 모른다는 사실을 깨닫게 됩니다.

자신의 무지에 충격을 받은 메논은 소크라테스에게 '외모나 다른 측면들에 있어서 바다에 사는 저 넓적한 전기가오리'와 아주 비슷하다고 했습니다. 소크라테스가 자신의 영혼도 입도 마비시키고 무슨 대답을 해야 할지 모르게 만들었다고요.

왕만두 동아리 친구들에게 자신이 알고 있는 것, 믿고 있는 것이 반박당하니 선혜도 분명 기분이 좋지 않았을 겁니다. 그런데도 왜 반박하는 대화를 해야 하는 걸까요? 충격받지도 않고 짜증 나지도 않은 편안한 대화만 이어가며 살면 안 될까요? 내 생각이 옳다고 말해주는 사람들하고만 어울려 살면 안 될까요? 그게 바로 인간이 누릴 수 있는 자유가 아닐까요?

알고리즘이 걸러낸 정보 버블에 둘러싸여

우리는 이미 전기가오리에게 공격당하지 않는 기술을 보유한 시대에 살고 있습니다. 듣고 싶은 의견만 걸러서 들을 수 있는 '필터 버블' 속에 살고 있으니까요. 필터버블은 미국의 시민단체 무브온의 이사장 엘리 프레이저(Eli Pariser)가 『생각 조종자들』에서 처음 제시한 말입니다.

프레이저는 진보적 정치 성향을 가지고 있었는데, 어느 날부터 페이스북 피드에서 보수주의자들이 사라졌다고 합니다. 페이스북 알고리즘은 프레이저가 '좋아요'를 누른 게시물과 비슷한 게시물을 계속 보여주고, 그렇지 않은 게시물을 보이지 않게 편집했기 때문입니다.

페이스북뿐만 아니라 구글, 네이버와 다음, 유튜브, 페이스북 그리고 인스타그램은 알고리즘 기술을 기반으로 하여 콘텐츠를 제공합니다.[13] 알고리즘은 사용자의 성별·연령대·관심사를 반영하여 사

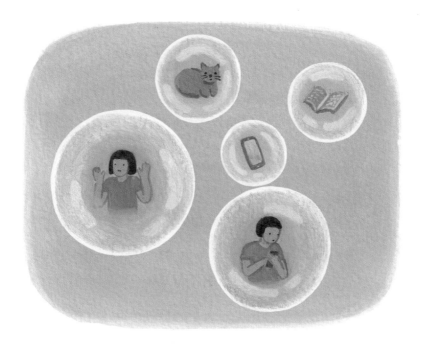

아이와 함께 떠나는 열두 번의 철학 여행

용자에게 맞는 정보를 자동으로 추천해 줍니다. 그 결과 우리는 자기 자신이 좋아하는 정보에 둘러싸여 살게 됩니다.

전기가오리에게 충격받을 일 없이 필터 버블 속에서 내 생각과 비슷한 생각에 둘러싸여 살면 좋지 않을까요? 그렇지 않습니다. 필터 버블은 치명적인 결함을 지니고 있습니다.

필터 버블이라는 말이 생긴 지 딱 10년이 지난 2021년. 페이스북에서 제품관리자로 일했던 프랜시스 하우건(Frances Haugen)은 미국 상원 소비자보호 소위원회의 청문회에서 페이스북을 고발했습니다.[14]

페이스북에서 자체적으로 연구한 결과를 증거로 제출했는데, 이 연구 결과에 따르면 한쪽으로 치우친 뉴스를 접하게 될 경우 사회적 갈등과 분열을 조장한다고 했습니다.[15] 페이스북은 알고리즘을 기반으로 제공하는 뉴스로 인해 생기는 문제를 잘 알고 있으면서도 이 알고리즘을 그대로 두었던 것입니다.[16]

나의 생각과 다른 생각에 귀를 기울여야 하는 이유

나와 같은 의견만 듣는 게 왜 문제가 되는 걸까요? 철학자 존 스튜어트 밀(John Stuart Mill)이 그 이유를 설명해 줄 수 있습니다. 밀은 1806년 영국 런던에서 태어났습니다. 철학자였던 밀의 아버지는 아들을 직접 가르쳤습니다. 공리주의를 이끌었던 철학자이자 법학자 제러미 벤담(Jeremy Bentham)이 아버지의 친구였기에 벤담에게도 직접 가르침을 받았습니다. 혹독한 선행교육도 받았지요. 겨우 세 살에 라틴어와 그리스어를 배우기 시작했고, 열두 살에 대수학과 유클리드의 이론, 영국 역사를 섭렵했습니다.[17]

밀의 대표작 『자유론』은 그의 부인 해리엇 테일러에게 바친 책입니다. 밀은 자기가 쓴 글 중에서 뛰어나다고 할 수 있는 것은 모두 테일러의 영감에서 나온 것이라고 말했습니다. 테일러의 높은 식견과 고매한 감정의 도움을 받아 글을 함께 쓴 것이나 마찬가지라고요.[18] 그런데 가만 보면 이 둘은 부부인데도 성이 다릅니다.

23살의 밀이 테일러를 처음 만났을 때 테일러는 이미 남편과 아이가 있었습니다. 20년 가까이 만나고 편지를 주고받다가 테일러의 남편이 세상을 떠난 후, 둘은 결혼을 했습니다. 테일러와 결혼할 당시 밀은 주변에서 의심과 비판을 받았습니다.[19] 평생을 바친 사랑이 사회적으로 억압받았기 때문일까요? 밀은 사상과 표현의 자유가 매우 중요하다고 여겼습니다.

밀은 "어떤 생각을 억압한다는 것은 현세대뿐 아니라 미래의 인류에게까지 강도질을 저지르는 것과 똑같다"고 말했습니다.[20] 어떤 생각을 억압하면서 받아들이려고 하지 않으면, 옳은 의견을 알 수

아이와 함께 떠나는 열두 번의 철학 여행

있는 기회도 잃어버립니다. 시간이 흐르고 나서야 무엇이 옳았는지 밝혀지는 경우도 있으니까요. 흑인을 억압한 노예 제도 역시 틀렸다는 것이 밝혀졌죠.

또한 그는 "나를 반박하는 주장이 틀렸을지라도 잘 들어야 한다"고 했습니다. 서로 주장을 내세우고, 반박하고, 비판하는 과정을 거치면서 왜 그 생각이 틀렸는지 이해할 수 있고, 내 생각에 대한 확신을 가질 수도 있기 때문입니다.

내 의견에 반대 의견을 내지 않는 사람만 있다면 내 의견이 참인지 아닌지 알아볼 수 있는 길이 없습니다. 철저한 비판의 과정을 거쳤는데도 살아남았다면, 그 생각에 따라 행동하는 것이 타당하겠죠.

철학 동아리 시간에 우빈이도 "시험을 보고 싶지 않으면 안 봐도 된다"라는 주장을 했다가 친구들에게 호되게 반박을 당했습니다. 이번 시간에는 자유와 통제에 대해 이야기하고 있었습니다. 지후가 "통제는 남이 시키는 거고, 자유는 자기가 찾는 것"이라고 얘기하자 이 말을 듣고 곰곰이 생각하던 우빈이가 말했습니다.

"시험을 보고 싶지 않으면 거절할 자유가 있고, 거절을 못하면 자유권을 침해받은 거예요."

우빈이는 '통제'의 대표적인 제도로 시험을 떠올리고는 시험을 보고 싶지 않으면 거절할 자유가 있다고 주장했습니다. 아이들은 즉각 반박에 나섰습니다. 은수가 먼저 시작했습니다.

"우빈이는 자유권만 주장하고 있는데 교육의 의무도 있습니다. 그래서 어쩔 수 없이 우리는 공부를 해야 합니다."

은수는 시험이 공부에 따르는 필수적인 절차이기에 교육의 의무를 따른다면 어쩔 수 없이 둘 다 해야 한다고 말했습니다. 이준이도 우빈이의 의견에 반박했습니다.

"맞습니다. 자유에는 의무와 같은 책임이 항상 따릅니다."

이준이는 시험을 보고 싶지 않은 자유도 있지만 공부할 책임도 있다는 것을 강조했습니다. 아이들은 시험을 보고 공부를 하는 것은 하기 싫더라도 의무적으로 해야 하는 '학생의 책임'이라고 근거를 들었습니다. 아이들은 '시험을 보지 않을 자유'에 대한 생각을 비판하며 자신의 생각에 확신을 굳혀갔습니다.

비판과 비난은 무엇이 다를까?

많은 아이들이 우빈이의 의견에 반박을 이어가던 중에 대화가 이상한 방향으로 흘러갔습니다. 지후가 말했습니다.

"저희는 어른이 없으면 살 수 없어요. 어른이 통제를 안 하면 나중에 커서 이상한 사람이 돼요. 자유만 주장하면 미래 사회는 어떻

아이와 함께 떠나는 열두 번의 철학 여행

게 될까요? 만약에 공부를 안 해서 우리가 취직을 못 하면 회사가 돈을 못 벌고 나라에도 돈이 없어져요."

지후는 시험을 안 보는 걸 어른의 통제가 없어지는 상황이라고 생각했습니다. 그리고 시험을 안 보면 어떤 상황이 펼쳐질지 이야기했지요. 저는 지후에게 이상한 사람이 어떤 사람인지, 공부를 하는 이유가 회사에 취직하기 위해서인지 물어보려고 했지만 아이들이 연이어 반박했습니다. 그러던 와중 은수가 이상한 결론에 다다랐습니다.

"결론은요, 우빈이 같은 아이가 많아지면 세계는 멸망합니다."

아차. 결국 은수가 선을 넘어버렸습니다. 은수에게 경고를 주려고 하자, 우빈이가 벌떡 일어서서 목에 핏대를 세우며 말했습니다.

"제 생각에는 이렇게 비판할 권리는 없는 것 같습니다!"

우빈이는 은수의 의견에 대항하여 스스로를 변호했습니다. 다른 사람이 자신을 그런 식으로 비판할 권리가 없다고 말했습니다. 우빈이를 발끈하게 만들었던 '너 같은 아이가 많으면 세계가 멸망한다'는 말이 정말 비판일까요? 은수의 말은 비판이 아니라 비난에 가까웠습니다. 저는 우빈이가 사용한 비판이라는 말을 비난으로 바꾸어 질문했습니다.

"우리에게 다른 사람을 비난할 자유가 있을까?"

제일 먼저 우빈이가 목청 높여 대답했습니다.

"없어요! 이건 언어폭력입니다! 이 말을 게시판에 올리면 사이버 폭력이고, 집단으로 하면 집단 폭력입니다!"

맞습니다. 은수의 말은 확실히 언어폭력입니다. 다른 아이들도 우빈이의 주장에 힘을 실어주었습니다.

"비판할 자유는 있는데 그에 따른 책임이 있을 겁니다."

자유에 항상 책임이 따른다는 이준이의 말을 비판할 자유에 적용했습니다. 그런데 여전히 아이들은 비판과 비난을 혼동하여 쓰고 있었습니다. 지혜가 대답했습니다.

"비판할 자유가 있다고 치면 그건 남의 권리를 침해하는 일입니다. 남의 권리를 침해하는 만큼 자신의 제한 구역이 생깁니다."

지혜도 비판과 비난을 구분하지 않고 사용했습니다. 대화를 가만히 듣던 이준이는 비판과 비난의 차이를 딱 한 문장으로 정리했습니다.

"비판할 자유는 있으나 비난할 자유는 없습니다. 왜냐하면 비판은 논리적으로 자신의 생각을 말하는 것이고, 비난은 일방적으로 상대가 옳지 않다고 말하는 것이니까요."

이준이의 말로 지금까지 혼잡했던 대화가 정리되었습니다. 물러선 은수는 비판이 아니라 비난을 했다는 걸 인정했습니다.

아이들이 비판과 비난을 헷갈려 한 데에는 나름의 이유가 있었습니다. '시험 보지 않을 자유'에 대한 대화는 비판으로 시작했지만 비판하는 세력이 커지면서 비난으로 이어졌습니다. 그러다 보니 아이들은 비판까지도 다른 사람의 권리를 침해하는 안 좋은 것이라고 생각하고 있었던 것입니다.

철학자 밀도 소수의 의견에 쏟아지는 비난에 대해 우려를 표했습니다. '독설, 빈정댐, 인신공격'은 토론할 때 흔히 일어나는 언어폭력인데, 다수를 차지하는 사람들이 자주 사용하는 방식이라고 했지요.

이때 일반적인 통념에 반대되는 의견을 가진 사람이 '사악하고 비도덕적인 인물'로 공격을 받는 경우가 생깁니다.[21] 그러므로 밀은 대화를 나눌 때 꼭 지켜야 하는 도덕률을 중요하게 여겼습니다.

자신과 반대되는 사람들의 진짜 생각이 무엇인지 차분하게 들어볼 수 있고 정직하게 평가할 수 있는, 그래서 그들에게 불리한 것이라고 과장하지 않고, 또 유리한 것이라고 해서 결코 차단하지도 않는 사람은 그가 누구든 또 어떤 생각을 가졌든 존경받을 만하다.[22]

반박당하는 상황을 인정하는 법을 익힌 선혜가 멋있어 보였던 이유도 여기에 있습니다. 비록 화가 나더라도 상대방의 생각이 무엇인지 차분하게 들으려고 했기 때문입니다.

상대방에게 불리한 근거라고 해서 부풀려서 말하지 않고, 상대방에게 유리하다고 해서 그 근거를 축소하지도 않는 태도는 하루 아침에 얻을 수 있는 것이 아닙니다.

내 선택으로 한 땀 한 땀 바느질한 조각보

비난하지 않고 비판하는 태도를 몸에 익히면 아이는 틀린 의견을 수정하고 옳은 의견에 확신을 가지며 자신의 길을 선택해 나갈 수 있습니다.

우리 앞에 놓인 수많은 선택의 갈림길 앞에서 확신은 인생을 살아가는 데 큰 도움이 됩니다. 이준이는 자유에 대한 대화를 이어가던 중에 이렇게 말했습니다.

"인생은 BCD라고 했어요. 인생은 탄생(Birth)과 죽음(Death) 사이에 있는 선택(Choice)입니다. 탄생, 죽음, 자유로운 선택이 인생의 제일 중요한 세 가지 순간입니다."

아이들은 하루를 보내는 중에도 무수히 많은 선택을 합니다. 친구가 나를 놀리면 그만하라고 말을 할까, 아니면 등짝을 한 대 확 때릴까. 친구가 미안하다고 하는데 용서를 해줄까, 말까. 공부하기 싫은데 그냥 소파에 누워서 유튜브를 볼까, 아니면 책상에 앉아서 어려운 문제를 풀까.

아이와 함께 떠나는 열두 번의 철학 여행

아이가 성장하면서 내리는 선택에 따라 인생의 방향이 바뀌기도 합니다. 이과·문과·예체능·특성화고 중에서 어느 길을 선택해야 할까. 어떤 직업을 선택할까. 성인이 되어서는 사회에 중요한 결정을 내리기도 합니다. 어떤 대통령을 뽑을까 등 말이지요.

내가 걸어온 길을 뒤돌아보며 후회하지 않으려면 합리적으로 생각하고 최선의 선택을 내려야 합니다. 그러려면 나와 똑같은 의견을 가진 사람의 말만 들어서는 안 됩니다. 비판에 귀 기울여 내 생각이 옳다면 어떤 점이 그러한지 당당히 주장하고, 내 생각이 틀렸다면 오류를 찾아내 수정해 가면 됩니다.

자기 생각만을 고집하며 살아가는 게 아니라 다른 사람과 수많은 생각 조각들을 주고받으며 살아야 합니다. 마치 작은 조각을 이어 꿰매어 아름다운 무늬의 조각보를 만들듯이요.

조각보를 만들기 위해서는 원래 있던 천의 무늬를 잘라내야 합니다. 실을 꿴 바늘이 천 조각을 뚫고 들어가야 합니다. 철학 대화를 할 때도 비난이 아닌 비판을 하며 내 생각을 버려야 할 순간이 찾아옵니다. 원래 내 생각이 무엇이었는지 알 수 없을 때도 있습니다.

그럼에도 스스로 합리적인 선택을 하는 삶을 살고 싶다면 내 생각에 반박이 뚫고 들어오는 고통도 견뎌내야 합니다. 그 고통을 견뎌낼 수 있다면, 인생의 선택들을 뒤돌아볼 때 후회하는 대신 알록달록한 무늬가 어우러진 조각보를 발견할 수 있습니다.

✂️○ 새로운 생각을 발견하는 철학 여행 지도 ○

1. 자유 정거장에서 만나는 철학 개념

☑ 자유 ☑ 비판 ☑ 비난

2. 부모를 위한 길잡이 질문

아이가 자유롭게 자신의 의견을 말할 수 있도록 도와주기 위해서 서로 다른 의견을 주고받는 일이 왜 중요한지 먼저 생각해 보자.

☑ 내 생각만 고집하면서 살면 어떤 일이 벌어질까?

3. 자유 정거장에서 나누는 철학 대화

♦ 자유란 무엇일까?

자유는 자신이 믿고 생각하는 바를 표현할 수 있는 거야. 모두가 자신의 생각을 자유롭게 표현하다 보면 서로 다른 생각을 만날 수 있어. 그럴 때 비난하지 않고 비판하는 태도가 필요해.

♦ 비판은 꼭 필요한 걸까?

비판은 상대방의 의견에 근거를 들어 반박하는 거야. 상대방을 공격하기 위한 의도가 아니라 그 생각을 잘 이해하기 위해서 질문을 해. 비판하는 과정을 통해 내 생각이 틀렸다면 수정할 수 있고, 내 생각이 옳았다면 확신을 가질 수 있어. 그래서 비판은 꼭 필요해.

✦ 비난과 비판은 무엇이 다를까?

비난은 상대방의 의견에 합리적인 근거 없이 일방적으로 반대하는 거야. 독설, 빈정댐, 인신공격처럼 언어폭력을 포함하지. 비난을 받은 사람은 기분이 나쁘고, 공격을 당한 것과 같은 느낌을 받을 수 있어.

✦ 친구가 내 의견에 반대해서 기분이 나쁘다면 어떻게 해야 할까?

친구가 비난을 하고 있다면 친구에게 비난을 멈추라고 말을 하면 돼. 친구가 정당한 근거로 비판을 한다면 친구의 의견에 귀를 기울이고 내 생각을 다시 점검해 봐.

아이와 함께 떠나는 열두 번의 철학 여행

2장

갈등이 생겼을 때
멈추어 생각하기

정거장4: 모욕

"친구가 놀릴 때
나를 어떻게 지킬까?"

"자자! 독자 엽서에 고민을 보내시면, 우리가 답변을 해드립니다!"

운동장에 나가 놀기도 바쁜 점심시간, 5학년 3반 아이들이 도서관에서 목소리를 높이고 있습니다. 2학년 동생이 다가오니 상훈이는 「오삼불고기」를 내밀며 다정하게 말합니다.

"이거 읽어봐. 우리가 매달 만든 잡지거든."

어느새 「오삼불고기」 잡지가 여러 아이들 손에 한 권씩 들려 있습니다. 책상에 웅크리고 앉아 독자 엽서를 쓰고 있는 아이들도 보입니다. 점심시간이 지나자 「오삼불고기」 독자들이 익명으로 보낸 엽서가 수북이 쌓였습니다. 아이들은 독자 엽서를 읽고 정성껏 답변을 해서 다음 호의 '오삼상담소'에 실었습니다.

엽서를 통해 보내온 고민에는 특히 친구에게 놀림을 받은 아이들의 도움 요청이 쏟아졌습니다. 다음은 A가 보내온 고민입니다.

> 친구들이 키가 작다고 놀려요. 땅콩이니, 소병(소인국의 병정)이라느니……. 친구들에게 하지 말라고 해도 계속 놀리고, 어떻게 해야 할지 모르겠어요.

키가 작다고 놀리는 일은 너무 비겁합니다. 키는 자신의 의지로 바꿀 수 있는 부분이 아니니까요. 오삼상담소 필진 중 한 명은 '우유, 멸치 등 칼슘이 많은 음식을 먹는 것도 좋은 방법'이라고 이야기했지만 아무리 칼슘이 많은 음식을 먹어도 하룻밤 사이에 다른 친구들만큼 키가 쑥 크는 일은 어렵습니다.

친구에게 놀림 받을 때 자신을 지키는 방법을 찾기 위해서 아이들의 지혜가 절실히 필요했습니다. 먼저 어떤 기분이 드는지 아이들의 이야기를 들어보았습니다.

"머리가 폭발할 것처럼 화가 나요."

"외로워요."

"우울해요."

"복수하고 싶어요."

아이들은 울분을 토하며 답변했습니다. 친구에게 놀림을 받을 때 아이들은 그저 속상한 정도가 아니라 화산이 폭발할 것처럼 이글이글 화가 났습니다.

혼자 놀림을 견뎌내야 할 때는 외로웠습니다. 스스로 바꿀 수 없는 것에 대해 지속적으로 놀림을 당하면 우울해지기도 합니다. 복수하고 싶은 생각이 든다고 한 아이도 있었습니다.

놀림 받는 일은 너무나도 괴롭습니다. 다른 친구들 앞에서 모욕을 당하기 때문이지요. 그런데도 이런 일은 일상적으로 일어납니다. 어떻게 해야 놀림 받는 상황에서 자신을 보호할 수 있을까요?

친구가 나를 놀릴 때 때려도 될까?

듣기 싫은 별명으로 놀림을 당할 때 어떻게 하면 좋을지 물으니 한 아이가 대답했습니다.

"친구한테 하지 말라고 해요."

나를 놀리는 친구에게 단호하게 놀리지 말라고 이야기하는 것은 꼭 필요합니다. 친구에게 자신이 원하는 것을 표현하고 자신을 보호할 수 있는 좋은 방법입니다. 하지만 놀리지 말라고 아무리 말해도 멈추지 않는 경우가 더 많습니다. 오삼상담소에 사연을 보낸 B도 같은 고민을 하다가 자기만의 해결책을 찾아냈습니다.

> 친구들이 나를 키다리, 진격의 거인, 아줌마라고 놀린다. 하지 말라고 해도 계속해서 놀려서 내가 친구들을 때렸는데 그 이후부터 안 했다. 그래서 애들이 놀리면 때리는 게 일상이 됐다. 자기들이 먼저 놀렸으면서 나보고 때렸다며 뭐라 한다.

B는 친구들에게 여러 별명으로 놀림을 받았습니다. 처음에는 하지 말라고 이야기했지만 친구들은 멈추지 않았습니다. 어느 날은 너무 화가 나서 친구를 때렸습니다. 그러자 더 이상 놀리지 않았습니다. 친구들이 놀릴 때마다 때리자 놀림을 멈추는 데 아주 효과가 좋았습니다. 아이들에게 B의 사연을 읽어주며 물어보았습니다.

"놀리는 친구를 때려도 될까?"

"때리면 안 돼요. 폭력은 나빠요."

아이들은 단호하게 안 된다고 이야기했습니다. 저는 그 이유가 궁금했습니다.

"폭력은 왜 안 돼? 말이 안 통했기 때문에 때려서 해결을 했잖아. 그래도 안 될까?"

"안 돼요. 그럼 가해자가 되는 거잖아요. 인기를 잃을 수도 있고, 복수를 당할 수도 있어요."

"경찰서에서 벌을 받을 수도 있어요."

아이들은 자신에게 안 좋은 일이 벌어질 수 있으니 때려선 안 된다고 했습니다. 폭력을 쓰면 인기를 잃을 수 있고, 벌을 받을 수도 있고, 복수를 당할 수도 있다고요.

B의 경우도 더 이상 놀림을 받지는 않지만 때린 것으로 인해 다시 친구들과 문제가 생겼습니다. 그럼 다른 방법은 무엇이 있을까요? 다시 아이들의 의견을 들어보았습니다.

"놀린다고 때릴 수 없다면 어떻게 해야 할까?"

"선생님한테 도움을 요청해요."

맞습니다. 선생님께 도움을 요청하는 것도 아주 좋은 방법입니다. 혼자서 해결할 수 없을 때 반드시 어른께 도와달라고 해야 합니다. 그런데 어른에게 도움을 청하면 어떤 아이들은 '고자질'을 한다며 상대를 깎아내리기도 합니다.

어른들은 혼난 아이가 자신의 잘못을 뉘우치기를 바라지만 오히려 '쟤가 일러서 내가 혼나게 됐다'면서 어른에게 말한 아이를 더 미워하기도 합니다.

게다가 아이들 곁에 언제나 어른이 있는 것도 아닙니다. 하굣길, 놀이터, 운동장처럼 선생님도 부모님도 안 계신 곳에서 놀림을 받을 수도 있습니다.

"그런데 만약에 도움을 요청할 어른이 없는 곳에서 놀림을 당하

아이와 함께 떠나는 열두 번의 철학 여행

면 어떻게 해야 할까?"

아이들이 '휴우' 한숨을 쉬었습니다. 아이들이 의견을 낼 때마다 제가 자꾸 반론을 제기했기 때문입니다.

"지금 머리에서 푸시시시시 연기가 나는 것 같아요."

아이들은 머리를 쥐어뜯으며 말했습니다. 그래도 생각하는 걸 멈추지 않았습니다.

"맞아. 나와 다른 생각을 만나면 머리가 아프고 복잡해지지. 반대로 내 생각만 하면서 살면, 편한 대신 내 생각 안에 갇힌 채로 살 수밖에 없어. 우리는 다른 생각에 부딪혀 보자. 그리고 무얼 발견할 수 있는지 기대해 보자. 자, 그러면 다시 질문. 선생님이나 부모님이 안 계신 곳에서 놀림을 당하면 어떻게 해야 할까?"

"나중에 부모님과 선생님이 오시면 말해요."

"좋은 방법이야. 나중에 어떤 일이 있었는지 말씀드리면 도움을 받을 수 있어. 그렇다면 지금 당장, 친구가 놀린 바로 그때에는 무엇을 해야 할까?"

"도망가요!"

아이들의 의견처럼 친구가 놀릴 때 도망가는 것은 어떨까요? 그림책 『놀림에 대처하는 슬기로운 방법』*에서 친구들에게 놀림 받

* 캐런 게딕 버넷 글·로리 배로즈 그림, 노경실 옮김, 고래이야기, 2020.

고 울먹이며 집으로 도망가는 사이먼을 발견한 로즈 할머니는 어느 유명한 낚시터 이야기를 해주었습니다.

그 낚시터에는 낚싯대를 던질 때마다 물고기들이 잡혀서 낚시꾼들이 몰려들었습니다. 로즈 할머니는 놀리는 사람은 물고기를 괴롭히려고 미끼를 던지는 낚시꾼과 똑같다고 말했지요. 누가 놀릴 때 도망가는 건 낚시꾼이 던진 낚싯바늘을 덥석 물어버린 거나 마찬가지입니다. 그러니 매달린 미끼를 무는 대신 할 수 있는 다른 행동을 찾아야 합니다.

놀리는 사람이 원하는 것은 무엇일까?

로즈 할머니의 조언은 철학자 존 랭쇼 오스틴(John Langshaw Austin)의 연구와 맞닿아 있습니다. 오스틴은 언어철학자로 일상적인 언어를 연구했습니다. 그는 어떤 말을 하는 것은 하나의 행위라고 정의했습니다.

그리고 그 행위에 따라 일어나는 일을 표현 행위, 표현 수반 행위, 표현 효과 행위 등 세 가지로 구분했습니다.[23]

좀 더 자세히 알아보자면 표현 행위는 말하고 있는 것 자체를 이야기합니다. "너 키가 왜 이렇게 작아? 땅콩이다!"라고 놀렸거나,

아이와 함께 떠나는 열두 번의 철학 여행

표현 행위	"땅콩이다, 땅콩!" 또는 "진격의 거인이다! 도망가자!"
표현 수반 행위	신체의 특징을 부정적으로 평가하기, 괴롭히기, 놀리기
표현 효과 행위	기분 나빠 하거나 화를 내거나 의기소침해지는 반응

언어에 포함된 세 가지 행위

"진격의 거인이다, 도망가자!"라고 말한 것은 표현 행위입니다. 표현 수반 행위는 말에 포함된 의도를 말합니다. '땅콩'이나 '진격의 거인' 같은 말은 다른 사람의 신체 특징을 부정적으로 평가하며, 괴롭히고 놀리는 의도를 포함하고 있습니다.

표현 효과 행위는 그 말을 통해 발생한 결과를 말합니다. 놀린 아이는 놀림 당한 친구가 기분 나빠 하거나 화를 내거나 의기소침해지는 등의 고통스러운 모습을 보고 싶어 합니다.[24] 실제로 아이들에게 친구를 놀린 이유를 물어보았을 때도 "재미있어서요"라고 대답하는 경우가 많습니다.

재미로 친구를 놀리는 아이에게 어떻게 대처해야 할까요? 놀린 사람의 의도대로 결과가 나타나지 않게 반응을 하지 않으면 됩니다. 로즈 할머니가 미끼를 물지 말라고 한 것처럼요. 고민을 상담해주는 오삼불고기 필진 한 명도 B에게 반응하지 않는 방법을 추천했습니다.

B님, 친구들이 놀려서 속상하시죠. 그런데 B님께서 때리고 반응한다면 그 친구들이 더 재밌어져서 계속 놀릴 거예요. 그러니 그냥 반응하지 마세요! 이게 가장 좋은 해결책이에요.

반응하지 않으면 놀린 사람이 원하는 것을 얻을 수 없게 됩니다. 낚시터에 낚싯대를 던져도 어떤 물고기도 잡히지 않아 빈손으로 돌아가는 낚시꾼처럼 말입니다.

놀림에 대처하는 세 가지 방법

그런데 만약 놀림에 반응하지 않더라도 여전히 내 마음속에서 부글부글 끓어오르는 분노, 우울, 외로움이 느껴진다면 어떻게 해야 할까요? 그럴 땐 반격이 필요합니다.

미국의 법학자 네이딘 스트로슨(Nadine Strossen)은 대항표현 (counterspeech)의 중요성을 주장했습니다.[25] 대항표현은 '동의하지 않는 메시지에 대항하는 모든 표현'을 말합니다. 스트로슨은 미국의 정치인이자 사회운동가인 엘리너 루스벨트의 말을 인용하며 그 이유를 설명합니다.

아이와 함께 떠나는 열두 번의 철학 여행

"내가 허락하지 않는 한 그 누구도 말로 나를 해칠 수 없다."

상대방이 말로 공격하려 할 때 그 말에 '굴복하지 않는 저항력'이 있다면 모욕적인 말로부터 자신을 지키고 피해를 회복하기 쉬워진다는 뜻입니다.[26] 그 저항력은 상대방의 말을 받아치고, 패러디하고, 전복시키는 또 다른 표현으로 기를 수 있습니다.

그렇다면 나를 놀리는 상대방에게 대항할 수 있는 구체적인 대항표현은 무엇이 있을까요? 아이들은 세 가지 방법을 제안했습니다.

첫 번째는 '유머'입니다. 놀리는 말을 우스갯소리로 받아치는 방법입니다. C가 '친구들에게 오리지널 헐크라고 놀림을 받는다'며 도움을 요청했을 때, 한 아이가 유머로 넘어가는 법을 알려주었습니다.

> C님, 친구들이 놀리면 '나는 이제 오리지널 헐크가 아니야! 난 양념 헐크다! 오리지널 헐크와 양념 헐크는 차원이 다르다고!'라고 해주세요. 그럼 아무 말도 못 할 거예요. (부작용: 양념 헐크로 놀릴 수 있음.)

오리지널 헐크를 양념 헐크로 되받아치는 법을 알려준 이 아이는 치킨을 굉장히 좋아해서 오리지널 헐크에서 오리지널 치킨을 떠올렸어요. 놀림에 대해 타격받은 모습을 보이지 않으면 상대방은 당황하게 됩니다. '네가 놀리는 그 말쯤은 아무것도 아니야'라는 메시지도 전할 수 있습니다.

그러나 유머는 순발력과 배짱을 필요로 하는 고급 기술입니다. 친구의 놀리는 말에 장난을 얹어서 웃기기까지 해야 하니까요. 이보다 더 쉬운 두 번째 방법을 소개합니다.

두 번째는 '돌려주기'입니다. 친구들이 돼지라고 놀린다며 D가 도움을 요청했을 때 한 아이가 이렇게 답변해 주었습니다.

> D님을 놀리는 사람에게 '돼지라고 말하는 사람이 돼지라던데……. 난 돼지가 아니니까 자기소개 하지 마!'라고 말하는 건 어떨까요?

돼지라고 놀리는 사람에게 놀림 당한 말을 되돌려주는 것입니다. '자기소개 하지 마!'라고 쐐기를 박으면서요. 이 방법은 불안돈목(佛眼豚目)이라는 사자성어로도 표현할 수 있습니다.

한자어를 풀이하면 '부처님의 눈과 돼지의 눈'이라는 뜻으로 '부처님의 눈으로 보면 다 부처님처럼 보이고, 돼지의 눈으로 보면 다 돼지처럼 보인다'는 말입니다.

이 사자성어는 조선을 건국한 시기에 태조 이성계와 무학대사가 나눈 대화에서 유래합니다. 나라의 기반을 안정시키고 있던 무렵 이성계가 무학대사에게 농담을 던집니다.

아이와 함께 떠나는 열두 번의 철학 여행

"스님, 오늘따라 돼지처럼 보이십니다."

이성계가 무학대사를 놀려도 무학대사는 빙긋 웃기만 할 뿐이었습니다. 왜 웃기만 하냐고 물어보자 무학대사가 답합니다.

"부처님 눈으로 보면 다 부처로 보이고, 돼지의 눈으로 보면 다 돼지로 보입니다."

이 논리에 따르면 돼지라고 놀린 이성계가 돼지가 되는 셈입니다. D를 돼지라고 놀린 사람에게도 똑같이 적용할 수 있습니다. 다른 아이는 한술 더 떠 이렇게도 돌려줄 수 있다고 했습니다.

> D님, 친구가 돼지라고 놀리면 그 친구한테 '너는 멧돼지잖아'라고 해봐요.

놀림 당할 때 가만히 있지 않고 되돌려주면 놀리는 아이는 상대방의 당황하는 모습을 볼 수 없어집니다. 그런데 이 방법은 나를 놀리는 친구에게 맞서서 더 크게 돌려주어야 하기 때문에 조금 어려울 수 있습니다. 그렇기에 가장 쉬운, 주문처럼 외워서 쓸 수 있는 마법의 말을 알려드리겠습니다.

세 번째 방법, "네가 어떻게 생각하든 관심 없어"입니다. 이는 철학자 스콧 허쇼비츠가 자신의 아들에게 알려준 방법입니다.[27] 이 말은 '너는 나에게 중요한 사람이 아니니까 네 말에 신경 쓰지 않아'라는 메시지를 전달합니다. 네가 놀리거나 말거나, 그러거나 말거나, 네가 하는 말은 나에게 그 어떤 타격도 주지 않는다는 뜻입니다.

저는 이 말을 아이들에게 알려주고 실제로 사용할 수 있는 편한 표현을 함께 찾아보았습니다. 홍우는 이 말을 더 짧고 강력한 말로 바꾸었습니다.

"안 들려!"

여기에, 귀를 쓱 파면서 여유로움을 뽐낼 수 있는 제스처도 더하면 좋겠다고 했습니다. 놀리는 아이를 향해 네가 하는 말 따위는 내 귀에도 들리지 않을 만큼 보잘것없다는 투로 말하는 것입니다. 이 방법은 나를 깎아내리는 사람의 말에 귀를 기울일 필요가 없다는 중요한 사실을 아이에게 전해줍니다.

놀리는 아이는 링으로 상대방을 부르는 격투기 선수와 같습니다. '땅콩!' '거인!' '돼지!'라고 불리는 순간, 놀림 당한 아이는 사각의 링 위에 혼자 올라서 선제공격을 당하는 것입니다. 그것도 예상치 못한 순간에 갑자기 말입니다. 심판이 경기 시작을 알리기도 전에 먼저 공격을 하니 참 비겁한 일입니다.

이러한 일이 지속적으로 일어나는 심각한 상황이라면 놀림 당한 아이가 일말의 반격을 한다고 해서 해결이 되지 않을 수도 있습니다. 그럴 때는 반드시 어른의 도움이 필요합니다.

아이와 함께 떠나는 열두 번의 철학 여행

하지만 그렇지 않다면, 일상적인 공격에는 회심의 반격이 필요합니다. 복근에 힘을 딱 주고, 험상궂은 눈빛을 장착한 채 '나는 네가 함부로 놀릴 수 있을 만한 사람이 아니니 시답지 않은 말은 꺼내지도 말라'라는 태도로 말입니다.

1. 모욕 정거장에서 만나는 철학 개념

☑ **놀림** ☑ **표현 효과 행위** ☑ **대항표현**

2. 부모를 위한 길잡이 질문

아이가 친구에게 놀림을 받았다고 속상해 한다면 마치 부모인 내가 놀림 당한 것처럼 수치스러움을 느낄 수 있다. 마음을 잠시 가라앉히고 아이를 놀리는 친구에게 대항할 수 있는 묘수를 함께 생각해 보자.

☑ 누가 너를 놀려서 속상했던 적 있었어?

☑ 그때 무슨 말로 반격할 수 있을까?

3. 모욕 정거장에서 나누는 철학 대화

✦ 놀림은 뭘까?

놀리는 건 상대방이 듣기 싫어하는 별명으로 부르는 거잖아. 놀림 받은 사람은 화가 나고 외롭고 우울해. 그리고 복수하고 싶어져.

✦ 왜 놀리는 걸까?

상대방의 기분 나빠하거나 화를 내고, 의기소침해 하는 반응을 보고 싶어서 놀리는 거야.

♦ 놀림 받을 때 어떻게 해야 할까?

놀림 받은 말에 대항하는 표현을 쓰면 돼. 놀리는 사람의 말을 무시할 때보다 그 말에 굴복하지 않겠다는 저항력을 보여주는 대항 표현을 할 때 놀림 받은 상처로부터 회복하기가 쉬워져. 놀리는 사람에게 유머, 돌려주기, "네가 어떻게 생각하든 관심 없어"라는 말로 대항할 수 있어.

정거장5: 용기

"친구가 괴롭힘을 당할 때 나는 무엇을 해야 할까?"

"선생님, 교실은 정글이에요."

"정글? 교실이 정글이라고?"

"네. 약점을 보이면 물어뜯겨요."

열두 살 나리가 말했습니다. 나리에게 교실은 곳곳에 맹수가 숨어 있는 곳이었습니다. 실수를 하거나 약한 모습을 보이면 매복하고 있던 맹수가 숨통을 조여오는 곳.

나리가 교실에서 말을 거의 하지 않았던 모습이 떠올랐습니다. 언제 어떤 공격이 들어올지 모르니까요. 하지만 나리는 그렇게 몸을 웅크리며 조심했는데도 공격을 당했습니다.

어느 금요일 늦은 저녁, 나리 어머니가 전화를 했습니다. 놀이터에서 같은 반 영민이가 나리를 바닥에 내동댕이쳤다고 말하는 어머니의 목소리는 떨려왔습니다.

영민이는 키가 170센티미터에 손도 어른만큼 컸습니다. 그 손으로 친구들 앞에서 내동댕이쳐졌을 나리를 생각하니 제 마음이 부글부글 끓었습니다. 영민이에게 다시는 그런 일을 하지 않겠다는 다짐을 받아야겠다고 이를 악물며 출근했습니다.

하지만 교실에서는 기막힌 상황이 펼쳐졌습니다. 영민이는 나리를 때린 적이 없다고 잡아뗐습니다.

"저는 그런 적 없다고요!"

영민이는 선득한 눈빛으로 저를 쏘아보았습니다. 그 눈빛에 베일 것만 같았습니다. 안 그래도 한껏 움츠러든 나리에게 그런 눈빛을 보여줄 수는 없었습니다. 영민이를 따로 상담실로 데려갔습니다. 놀이터에서 나리 옆에 있던 지영이를 상담실로 불러 증언을 부탁했습니다.

"지영아, 금요일 오후에 놀이터에서 무슨 일이 있었어?"

나리의 가장 친한 친구라고 했던 지영이가 놀이터에서 있었던 일을 낱낱이 고발해 주기를 바라며 기다렸습니다. 하지만 지영이는 영민이의 눈을 피하며 대답했습니다.

"잘 기억이 안 나요."

어떻게 3일 전에 있었던 일을 잊어버릴 수 있을까요? 바로 눈앞에서 벌어진 일을요. 결국 나리를 불러 영민이 앞에 앉혀놓았습니다. 나리는 제 생각보다 더 용감했습니다. 영민이를 똑바로 쳐다보고 말했어요.

"내가 과자 주기 싫다는데 네가 뺏어갔잖아. 한 입 먹고 맛없다고 내 머리를 밀었잖아."

그제야 영민이는 고개를 숙였습니다. 나리에게 미안하다고 말하고 반성문을 쓰고서야 교실로 갈 수 있었습니다. 하지만 교실에 영민이가 들어오자 영민이의 친구가 큰 소리로 말했습니다.

"선생님, 왜 영민이한테만 그러세요? 영민이는 그냥 살짝 밀었을 뿐이에요. 쟤가 약해서 나가떨어진 거라고요!"

날카로운 목소리가 교실을 가로질러 저의 가슴팍에 꽂혔습니다. 동시에 모든 아이들의 눈이 저에게 화살처럼 날아와 박혔습니다. 차갑게 얼어붙은 공기 속에서 제가 받은 상처를 추스를 틈도 없이 아이들의 눈빛과 말로부터 나리를 보호해야 했습니다.

"사람을 때리는 건 엄연한 폭력이야. 있었던 일을 은폐하려 한 것도 큰 잘못이고!"

소리 높여 외치는 저의 목소리가 아이들 앞에서 모래알처럼 흩어지는 게 느껴졌습니다. 아이들은 상처 입은 자를 외면하고 힘센 자의 편을 들고 있었습니다. 이제껏 당연하게 여겨졌던 가치, 즉 폭력은 잘못이라는 가치가 와르르 무너지는 느낌이 들었습니다.

아이들은 어째서 영민이의 편에 섰을까요? 지영이는 친구의 아픔을 왜 모른 척했을까요? 그제야 교실은 정글이라는 나리의 말을 제대로 이해할 수 있었습니다. 정글 먹이사슬의 꼭대기에 사자가 있다면 교실 먹이사슬의 꼭대기에는 영민이가 있었던 겁니다. 아이들은 피라미드의 정상을 차지한 영민이의 눈치를 보며 행동했습니다.

이날 영민이의 눈치를 보던 아이들의 겁먹은 표정이 자꾸 제 곁을 맴돌았습니다. 저는 움츠러든 아이들에게 목소리를 되찾아주고 싶었습니다. 너희가 본 대로, 느낀 대로 이야기할 수 있는 권리가 있다고 말해주고 싶었습니다.

그래서 교실 속 폭력적인 구조를 어떻게 해체할 수 있을지 고민하고, 질문하고, 연구하기 시작했습니다. 그리고 두 개의 열쇠를 찾았습니다.[28]

폭력을 멈추는 건, 인간다움을 실천하는 용기

무슨 수로 이 단단한 먹이사슬을 끊어낼 수 있을까요? 철학자 버트런드 러셀(Bertrand Russell)은 우리가 폭력에 맞설 수 있는 방법

아이와 함께 떠나는 열두 번의 철학 여행

을 알려줍니다.

러셀은 1872년 영국에서 태어났습니다. 두 살 때 어머니가, 네 살 때 아버지가 돌아가셔서 러셀은 할머니와 할아버지의 손에 자랐습니다. 자신을 보살펴 주는 가족이 있었지만 러셀은 인생이 허무하다고 느끼고, 자살 충동에 휩싸였습니다.[29] 그러다 수학에서 자신의 열정을 발견하고 지적인 열망을 추구하면서부터 새로운 인생을 살게 되었습니다.[30]

그는 1900년부터 10년 간 매년 8개월 동안 하루에 14시간씩 작업한 끝에 『수학의 원리들』이라는 저서를 내놓았습니다. 이 책을 통해 수리철학, 기호논리학이라는 학문의 분야가 열렸지요. 그뿐만 아니라 언어철학에도 공헌을 해 노벨문학상도 받았습니다.[31]

러셀은 학문에만 열정을 느낀 게 아니었습니다. 자신의 명성과 지성을 이용하여 세계평화를 위해 반전운동을 했습니다. 제1차 세계대전 당시 러셀은 반전운동을 벌이다가 교수 재임용을 거부당하고 감옥에 갇히기도 했습니다.[32] 그럼에도 그는 반전운동을 멈추지 않았습니다.

1945년, 미국이 히로시마에 원자폭탄을 터뜨려서 제2차 세계대전이 끝났습니다. 하지만 그 후로도 미국은 여전히 소련과 대립하면서 언제 전쟁이 다시 터질지 모르는 일촉즉발의 상황이 이어졌습니다. 소련이 핵무기 기술을 확보하자 본격적인 수소폭탄 개발

경쟁이 시작되었습니다.

1946년부터 1958년까지 미국은 태평양의 하와이와 필리핀 사이, 비키니 환초의 바다와 공중에서 총 67회의 수소폭탄 실험을 실시했습니다.[33] 이 수소폭탄은 히로시마에 터뜨린 폭탄보다 800배나 더 강했습니다. 미국의 수소폭탄 실험으로 인해 비키니섬은 물과 농산물 모두 방사능 수치가 높아 사람이 살 수 없게 되었습니다.

세계 최대 강국인 미국이 자행하는 폭력을 어떻게 멈출 수 있을까요? 폭력을 멈추라고 목소리를 높였다가 오히려 위험에 처하게 되지 않을까요?

러셀은 당대의 최고 과학자 열한 명과 손을 잡고 미국에 맞섰습니다. 열한 명의 과학자 중에 아홉 명은 이미 노벨상을 받은 저명한 학자였습니다. 여기에는 러셀의 오랜 친구인 알베르트 아인슈타인(Albert Einstein)도 있었습니다.

아인슈타인은 핵무기를 개발할 수 있는 이론을 만들었지만 핵무기의 위험성도 누구보다 잘 알았기 때문에 핵무기 개발에 반대했습니다. 이들은 연대하여 인류에게 핵무기의 위험성도 알리고 인간다움을 호소하기로 했습니다.

1955년 7월 9일, 영국 런던의 한 기자회견장에서 러셀은 기자들 앞에 서서 「핵무기 없는 세계와 분쟁의 평화적 해결을 호소하는 선언」을 발표합니다. 이 선언은 러셀-아인슈타인 선언으로도 알려져

아이와 함께 떠나는 열두 번의 철학 여행

있습니다. 그는 대량살상무기의 위험성을 경고하기 위해 이 자리에 섰다고 밝히며 연설을 시작합니다. 호소하는 첫 번째 내용은 지금 개발하고 있는 수소폭탄의 위험성입니다.

수소폭탄을 한 번만 사용해도 인류가 멸망할 가능성이 있습니다. 곧바로 죽는 사람은 많지 않을지라도 방사능에 피폭되어 질병에 고통받으며 서서히 죽을 거라고 경고합니다. 그래서 지금 인류에게는 절실하게 필요한 것이 있다고 말합니다. 바로 '새롭게 생각하는 법'입니다.

우리는 새로운 방식으로 사고하는 법을 배워야 합니다. 우리는 우리 자신에게 묻는 법을 배워야 합니다. 자신이 지지하는 집단이 무력을 사용해서 승리할 수 있는 방법이 무엇인지 질문하면 안 됩니다. 그러한 방법은 없으니까요. 우리가 우리 자신에게 물어야 할 질문은 이것입니다. "우리 모두에게 재앙을 가져다줄 군사 경쟁을 막기 위해 어떤 조치를 취해야 하는가?"[34]

러셀이 말한 것처럼 새로운 방식의 사고는 전쟁에서 이기기 위한 방법이 아니라, 전쟁을 멈추기 위한 방법을 찾는 것입니다. 전쟁을 멈추면 더 이상 사람이 죽을 일이 없습니다.

행복, 지식, 지혜가 우리 앞에서 선택을 기다리고 있습니다. 그런데도 죽음을 선택해야 합니까? 싸움을 그만둘 수 없다는 이유만으로? 우리는 인간 대 인간으로 다음과 같이 호소합니다. 인간다움을 기억합시다. 그리고 그 나머지는 모두 잊어버립시다.

러셀이 말하는 인간다움이 폭력을 멈출 수 있는 첫 번째 열쇠입니다. 인간다움은 폭력에 반대하는 용기입니다. 용기는 마음의 상태를 나타내는 말이 아닙니다. 용기는 무엇이 옳은 일인지 생각할 수 있는 능력과 더불어 옳다고 생각하는 행동을 선택한 뒤 진짜로 행동으로 옮기는 것까지 포함합니다.

러셀이 전쟁의 위험성을 회피하거나 모른 척하지 않고 현실을 직시한 것, 위험을 가로막기 위해서 할 수 있는 행동을 모색한 것, 대중 앞에서 연설하기로 선택한 것이 바로 용기입니다. 다른 무엇도 아닌 용기가 우리를 살릴 수 있습니다.

이 결의안을 발표하고 3주 후 아인슈타인은 사망했습니다. 아인슈타인이 죽기 전 인류에게 남기는 마지막 메시지였던 셈입니다. 러셀-아인슈타인 선언은 미국의 핵 개발에 대한 대중들의 지대한 관심을 불러일으켰고, 이후로 비키니섬에서의 핵실험이 중단되었습니다.

러셀-아인슈타인 선언을 계기로 과학과 국제 정세에 관한 퍼그워시회의가 시작되었습니다. 퍼그워시회의는 핵무기 폐지와 전쟁

아이와 함께 떠나는 열두 번의 철학 여행

반대를 호소하는 국제회의를 열었습니다. 제3차 세계대전 대신 인간다움을 선택했기에 인류는 아직까지 살아남을 수 있게 되었습니다. 이처럼 용기 있는 행동은 폭력을 멈출 수 있습니다.

셋이 모이면 사람도 살린다

폭력을 멈출 수 있는 두 번째 열쇠는 3의 법칙입니다. 3의 법칙은 셋이 모이면 하나의 집단을 이루어 그 집단이 내는 목소리에 힘이 실리는 현상을 말합니다.[35]

3의 법칙을 설명하는 유명하고 간단한 실험이 있습니다.[36] 강남역 한복판 버스 정거장에서 한 명이 하늘을 가리킵니다. 그러면 사람들은 그 모습을 보고서도 무시하고 그냥 지나갑니다. 두 사람일 때도 마찬가지입니다. 그러나 세 사람이 똑같은 방향을 가리키며 하늘을 보자, 순식간에 강남역 일대의 사람들이 구름처럼 멈추어 서서 하늘을 바라봅니다. 3이 가진 힘입니다.

러셀도 자신과 함께 목소리를 낼 열한 명의 과학자들과 손을 잡았습니다. 열한 명이 하나의 집단을 이루어 인류의 번영을 위해 전쟁을 멈추자고 목소리를 내니 무기 개발에 열을 올리던 미국도 귀를 기울였습니다.

교실에서도 3의 법칙은 똑같이 적용됩니다. 세 명이 모여 '우리는 용기를 가치 있게 여기고, 폭력을 허용하지 않는다'는 집단의 원칙을 전달할 수 있다면 폭력을 멈출 수 있습니다. 러셀이나 아인슈타인처럼 위대한 업적을 세운 사람이 아니어도 됩니다.

나의 왼손에 한 명, 오른손에 한 명, 이렇게 두 명만 더 모아 한목소리를 내면, 자신을 그리고 친구들을 지킬 수 있습니다. 친구를 놀리거나, 때리거나, 괴롭히는 아이에게 '네가 속한 집단이 폭력을 허용하지 않는다'는 메시지를 전달하면 폭력을 멈출 수 있습니다.

저는 교실에서 폭력에 대항하는 목소리에 힘을 실어주기 위해 아이들에게 인류의 역사를 들려줍니다. 지금까지 호모사피엔스가 살아남을 수 있었던 이유는 적자생존 때문이라고 알려져 왔습니다.

하지만 진화인류학자 브라이언 헤어와 버네사 우즈가 쓴 『다정한 것이 살아남는다』에서는 적자생존 논리를 뒤엎습니다. 우월한 종이 열등한 종을 밟고 일어서서 살아남은 것이 아니라, 서로 협력했기 때문에 인류가 살아남았다는 것이죠.[37]

몸집도 작고, 근육도 적은 인간은 함께 힘을 합해야만 덩치 큰 포유류나 어류를 사냥할 수 있고, 맹수의 공격으로부터도 서로를 지킬 수 있습니다.

상상해 보세요. 누군가 하이에나 무리에게 쫓기고 있습니다. 그러면 호모사피엔스는 그 사람을 구하기 위해 하이에나 무리에게

아이와 함께 떠나는 열두 번의 철학 여행

덤벼듭니다. 자기보다 훨씬 힘이 센 육식 동물에게요. 우리에게는 호모사피엔스의 피가 흐르고 있습니다. 위기에 빠진 사람을 구해주는 능력이 우리를 살아남게 한 겁니다.

또 교실에서 폭력을 허용하지 않는다는 원칙을 전달하기 위해 위험에 처한 약자를 돕는 이야기를 함께 읽습니다. 『혼자가 아니야 바네사』*는 괴롭힘을 당한 바네사를 지켜주는 친구들의 이야기를 담은 글 없는 그림책입니다. 그 방법이 아주 독창적인데, 실제 사건을 바탕으로 지어졌다고 합니다.

전학을 온 바네사가 어색하게 지내던 어느 날, 한 아이가 바네사에게 험한 얼굴로 소리를 지릅니다. 그 말을 들은 바네사는 울면서 집으로 뛰어갑니다. 그 장면을 목격한 아이가 있습니다. 바로 이 그림책의 주인공입니다.

주인공 아이는 집으로 돌아와서 늦은 밤까지 계속 고민했습니다. 그리고 다음 날 아침, 좋은 생각을 떠올립니다. 서둘러 밖으로 나서 바네사의 집 문을 두드리고 바네사에게 무어라고 이야기를 합니다. 이 장면에서 주인공 아이가 무슨 말을 했을지 아이들에게 물어보았습니다.

"바네사, 우리 같이 학교 갈래?"

* 케라스코에트 그림, 웅진주니어, 2018.

맞습니다. 주인공 아이는 바네사의 손을 잡고 학교에 갑니다. 그 다음에 놀라운 일이 벌어집니다. 한 명의 친구가 더 바네사의 손을 잡아 바네사 양손에 두 명의 친구가 생긴 것입니다. 3의 법칙이 실현되었지요. 그다음부터는 구름처럼 아이들이 몰려듭니다.

곁을 지켜주며 함께 등교하는 아이들 사이로 바네사에게 나쁜 말을 했던 아이는 얼굴이 새빨개져서 서 있습니다. 이 그림책을 함께 읽고 아이들에게 말했습니다.

"우리는 친구를 도와줄 준비가 된 사람들이야. 우리는 다정해서 살아남은 호모사피엔스잖아. 친구가 괴롭힘을 당하고 있으면 그만하라고 외칠 수 있는 다른 친구 두 명만 더 찾아보자. 세 명이 힘을 합해 그만하라고 말하는 거야."

정글에서 살아남으려면 서로를 짓밟는 존재가 아닌 서로를 지키는 존재가 되어야 합니다. 폭력에 반대하는 친구 두 명만 더 있어도 우리는 폭력으로부터 서로를 지킬 수 있습니다.

날카로운 발톱이 방패를 두드려댄다 하더라도

교실은 정글이지만 정글 같은 교실에도 용감한 사람 셋은 꼭 있습니다. 어느 날 4교시, 기습적으로 아이들에게 질문을 한 적이 있습니다.

"친구를 은근하게 따돌린 적이 있니? 쪽지에 너희들이 보고 들은 것이 있다면 써줘. 누가 썼는지는 밝히지 않아도 돼."

아이들이 낸 쪽지에는 제가 미처 알지 못했던 내용이 적혀 있었습니다. 열 명의 여자 아이 중에서 다섯 명의 아이가 비슷한 내용을 써냈습니다.

'오늘 윤주가 지수를 째려봤어요. 지수는 윤주, 미성이, 은주랑 같이 놀았는데 오늘은 윤주, 미성이, 은주가 지수 근처에 가지도 않아요.'

아이들은 오늘따라 이상한 윤주의 행동을 눈치챘습니다. 그리고 침묵하지 않기로 했습니다. 아이들은 곤경에 처한 지수를 그냥 두지 않았습니다. 자신이 보고 듣고 느낀 점을 나누었습니다. 침묵을 깨고 용기 있게 목소리를 내준 아이들이 정말 고마웠습니다.

윤주가 째려볼 때 지수 혼자서만 견뎌야 했다면 어땠을까요? 무섭고 외로웠을 겁니다. 째려보는 건 눈동자로 바늘을 던지는 것과 똑같기 때문입니다. 옆에서 막아주는 친구가 없었다면 바늘은 지수의 심장에 콕 박혔을 겁니다. 이는 아무 소리도 없이 일어나는 일이니까요.

하지만 저희 교실에는 방패가 있었습니다. 윤주가 던진 바늘을 목격한 아이들은 쪽지로 방패를 만들었습니다. 그렇게 만들어진 방패는 챙챙챙 요란한 소리를 내며 바늘을 막아냈습니다. 용기는 커다랗고, 두껍고, 무거운 방패입니다.

바늘은 작아서 어디든 넣어 다니다가 필요할 때마다 꺼내어 던질 수 있습니다. 다른 사람을 공격하는 일도 그렇습니다. 놀리고, 험담하고, 째려보고, 때리는 일은 굳은 의지가 없어도 할 수 있는 일입니다.

하지만 방패를 사용하려면 용기가 필요합니다. 두껍고 무거운 방패를 함께 들어줄 친구를 찾아, 딱 필요한 상황에 꺼내들어야 합니다. 방패를 써본 아이들은 이 힘이 얼마나 센지 알게 됩니다.

교실이라는 정글 한가운데서 맹수가 친구를 공격할 때 무거운 방패를 어깨에 짊어지고 친구에게 다가가는 일. 날카로운 발톱이 방패를 두드려대도 물러서지 않고 함께 방패를 지고 있는 친구의 어깨에 기대는 일. 방패 뒤로 몸을 피한 친구들을 향해 그저 씩 웃어주는 일. 방패를 사용하는 일은 인간다움을 경험하는 일입니다. 인간다움은 그 무엇과도 바꿀 수 없습니다.

1. 용기 정거장에서 만나는 철학 개념

☑ 용기 ☑ 인간다움 ☑ 3의 법칙

2. 부모를 위한 길잡이 질문

괴롭히는 아이에게 맞서다가 오히려 내 아이가 괴롭힘을 당하지는 않을지 걱정이 되기도 한다. 자기 자신을 지키면서도 용기 있는 행동을 하기 위해 '용기'의 진짜 뜻을 파헤쳐보자.

☑ 괴롭힘 당한 친구는 어떤 기분일까?

☑ 괴롭힘 당한 친구에게 무슨 말을 하면 좋을까?

3. 용기 정거장에서 나누는 철학 대화

✦ 용기란 무엇일까?

용기란 무엇이 옳은지 생각할 수 있는 능력이야. 옳다고 생각한 행동을 선택하고, 진짜로 행동하는 것까지 포함하지. 괴롭힘 당하는 친구를 도와주기 위해서는 용기가 필요해.

✦ 용기를 다른 말로 뭐라고 할 수 있을까?

인간다움이라고도 할 수 있어. 행복, 지식, 지혜를 추구하고자 하는 인간의 마음을 의미해. 인간다움을 기억할 때 무기를 써서 전쟁에서 이기려는 싸움을 멈출 수 있지.

◆ 친구가 괴롭힘 당할 때 나는 무엇을 해야 할까?

또 다른 2명의 친구를 모아 괴롭힘 당하는 친구 곁을 지켜주고, 괴롭히는 친구에게 '멈추라'고 이야기하면 돼. 그러면 나를 지키면서도 용기 있는 행동을 할 수 있어.

아이와 함께 떠나는 열두 번의 철학 여행

정거장6: 사과

"친구에게 잘못을 했다면 어떻게 해야 할까?"

이상한 날이었습니다. 평소와 다를 바가 없이 시작한 하루였는데, 어제와 다르게 윤주, 은주, 미성이는 아주 조용히 지수를 따돌렸습니다. 지수를 째려봤고, 말을 걸지 않으면서 무리에서 지수를 밀어냈습니다. 다행히도 그 상황을 목격한 반 친구 다섯 명은 지수가 당한 일을 비밀 쪽지에 적어 저에게 알렸습니다.

저는 수업이 끝나고 윤주, 미성이, 은주 그리고 지수에게 교실에 남아 있으라고 했습니다. 긴장한 얼굴로 저를 바라보는 아이들 앞에서 쪽지를 읽었습니다. 쪽지를 다 읽고 아이들을 얼굴을 살피니 새하얗게 질려 있었습니다.

싸늘한 침묵 속에 우리는 오도카니 앉아 있었습니다. 이 일을 어떻게 해결해야 하나 눈앞이 캄캄했습니다. 이제 우리는 무엇을 해야 할까요? 혹시 '화해'가 방법이라고 생각했다면 그것은 잘못된 답입니다. 저는 아이들에게 절대로 "친구랑 사이좋게 지내야지. 이제 화해해"라고 말할 수 없었습니다.

화해는 서로의 의견이 맞지 않아 다퉜을 때 가능한 일입니다. 친구를 괴롭힌 것은 싸운 것이 아닙니다. 화해하라는 말은 카운트다운이 시작된 폭탄을 땅 속에 묻어두는 것과 똑같습니다. 당장 눈앞에서 갈등을 잠재웠을 뿐, 언젠가는 뻥 터지고 맙니다.

게다가 화해하라는 말은 무엇을 해야 할지 구체적으로 지침을 알려주지 않습니다. 친구에게 상처받은 아이의 상처를 보듬어주지도 않고, 상처 준 아이도 무엇을 해야 할지 알 수 없게 합니다.

피해 입은 사람이 원하는 건 화해가 아닙니다. 분명히 사과해야 할 사람이 있는데도 화해라는 명목으로 사건이 조속히 해결되길 바라는 건 사건을 조정해야 하는 사람뿐일지도 모릅니다. 저 역시도 이 싸늘하고 답답한 공기를 빨리 바꾸고 싶었습니다. 아이들의 파르르 떨리는 얼굴을 마주 보는 게 힘들었습니다.

하지만 이미 갈등이라는 폭탄에 불이 붙었습니다. 그렇다면 어쩔 수 없이 폭탄을 해체하는 작업을 시작해야 합니다. 저는 우리가 앉아 있는 이 책상이 폭탄이 터지는 전쟁터가 되기를 바라지 않았

습니다. 현명하고 합리적이고 이타적인 해결책을 내놓는 원탁회의
가 되기를 바랐습니다. 그렇다면 제가 아이들에게 제일 먼저 던져
야 할 질문은 이것이었습니다.

'이 상황에서 피해 입은 사람이 제일 원하는 것이 무엇일까? 따
돌림 당한 지수가 원하는 것은 무엇일까?'

분노는 나를 덮치는 힘?

지수는 침묵한 상태로 앉아 있었지만, 마음속에는 윤주와 아이
들에 대한 분노, 원망, 두려움과 같은 부정적인 감정이 시끄럽게 소
리를 지르고 있었을 겁니다. 부정적인 감정이 내지르는 소리로부터
해방되어 고요하고 평안한 상태로 지수를 돌려보내주고 싶었습니
다. 어떻게 하면 지수 마음속의 분노가 사라질 수 있을까요?

철학자들은 분노가 사라지는 방식에 관심이 많았습니다. 그에
따라 피해자에게 용서를 구하는 방식이 달라지기 때문입니다. 분노
를 사그라뜨리는 방법을 알기 위해서는 먼저 분노가 무엇인지 짚
고 넘어가야 합니다. 분노는 무엇일까요?

분노를 정의하는 두 가지 방식이 있습니다. 첫 번째 관점은 분노
를 파도가 나를 덮치듯 자신의 통제를 벗어나는 힘이라고 봅니다.

두 번째 관점은 분노를 어떤 상황에서 분노할 만한 이유가 있다고 판단해서 생기는 것으로 봅니다.

철학자 데이비드 노비츠(David Novitz)는 첫 번째 관점으로 분노를 설명했습니다.[38] 내 의지를 벗어나 나를 향해 밀려오는 어떤 힘이라고 보았지요. 그래서 분노가 사라지려면 피해자가 가해자에게 느끼는 동정심이나 공감적 이해 같은 다른 감정이 분노를 밀어버려야 한다고 했습니다.

내 의지로 용서를 한다고 되는 것이 아니라, 나에게 밀고 들어오는 또 다른 어떤 힘에 의해서 분노가 사그라든다고 본 것입니다. 그러기 위해서는 '가해자의 관점에서 그 사건을 바라보는 시도'를 해야 하고, '가해자가 느끼는 후회에 공감적 이해'를 해야 한다고 강조했습니다.[39]

노비츠의 관점이라면 가해자가 용서를 받기 위해서는 피해자가 가해자를 불쌍히 여기고 그 처지를 이해하도록 해야 합니다. 그러려면 자신이 그런 일을 저지를 수밖에 없었던 상황을 소상히 이야기해야 합니다. 동정심을 일으켜야 하니 문제상황과 관련 없는 개인적인 아픔도 끌고 들어올 수 있습니다. 가해자가 울면서 자신의 내밀하고 아픈 역사를 털어놓으면 가해자를 향한 분노보다 불쌍한 마음이 그 자리를 차지할 수 있습니다.

그러나 분노가 불쌍한 마음으로 대체되는 것에는 한 가지 문제

아이와 함께 떠나는 열두 번의 철학 여행

가 있습니다. 가해자에게 동정심을 느끼기 위해서는 가해자가 하는 말을 경청해야 합니다. 공감하여 들어주는 일은 매우 어려운 일이고, 정신을 집중해야만 합니다. 가해자의 입장에 서서 사건을 바라보려고 노력해야 합니다.

그런데 왜 피해자가 피해를 당해 힘든 상황에서 그런 노력까지 해야 하는 걸까요? 경청하고 이해하려는 노력은 가해자가 해야 하는 것이 아닐까요?

동화 『욕 좀 하는 이유나』*의 이유나도 가해자가 처한 딱한 사정을 다 헤아려줄 필요가 없다고 말합니다. 유나에게 친구 소미는 한 가지 도움을 청합니다. 영어학원의 셔틀버스를 탈 때마다 호준이가 소미에게 욕을 한다는 겁니다.

이 일어났던 일을 알게 되자 유나는 눈에 불을 켜고 복수할 방법을 찾습니다. 그리고 창의적인 방식으로 호준이에게 대차게 복수를 해준 뒤, 소미에게 꼭 사과하라고 말합니다. 다음 주, 소미는 호준이 어떻게 사과했는지 유나에게 이야기합니다.

그런데 호준이가 묻지도 않은 이야기를 하더라는 겁니다. '영국에서 오래 살다 돌아와서 우리나라에 적응이 어려웠다, 부모님은 바쁘다, 맨날 밤늦게까지 혼자 있는다, 학원을 많이 다닌다, 그래서

* 류재향 글·이덕화 그림, 위즈덤하우스, 2019.

힘들었다, 모든 게 다 불만스러웠다'라는 식으로요.

호준이를 걱정하는 소미의 얼굴을 물끄러미 쳐다본 유나는 "너를 함부로 대하고 네 기분을 상하게 한 애의 사정을 네가 다 헤아릴 필요는 없다"고 말합니다. 호준이의 힘든 일은 스스로 해결하고 극복해야 합니다. 소미가 화풀이 대상이 될 이유는 없습니다. 명백하게 그 아이의 잘못인 겁니다.

유나의 말이 맞습니다. 피해를 당한 사람은 피해를 당했다는 사실만으로도 벅찹니다. 가해자의 사정까지 다 헤아려줄 필요는 없습니다. 가해자가 내뱉는 말을 일일이 듣고, 해석하고, 이해하며 동정심의 파도로 분노의 파도를 밀어 보내도 피해자의 마음은 여전히 괴롭습니다.

분노는 내 의지로 판단하는 것

캘리포니아대학교의 철학과 교수 패멀라 히에로니미(Pamela Hieronymi)도 노비츠의 의견에 반박합니다. 분노를 동정심으로 밀어내는 게 아니라 스스로 판단해서 사라지게 할 수 있다는 것입니다.

이를 판단에 민감한 태도(sensitive to judgement)라고 합니다. 분

아이와 함께 떠나는 열두 번의 철학 여행

노는 판단에 민감하기 때문에 상황을 어떻게 판단하느냐에 따라 생길 수도 있고 사라질 수도 있습니다.

판단으로 생겨나기에 분노는 몸이 느끼는 배고픔, 졸림, 피곤함과 다릅니다. 곤히 자다가 갑자기 애애앵 모깃소리에 놀라서 화들짝 깬 밤을 상상해 봅시다. 이미 내 팔은 모기에게 습격당해 빨갛게 부풀어 간지럽습니다. 모기를 잡아야겠다는 의지로 눈에 불을 켭니다.

모기와 사투를 벌이느라 잠을 제대로 못 잔 다음 날 아침. 몸은 졸리고 피곤합니다. '아, 어젯밤에 못 잤으니까 지금은 피곤해야 해.' 이렇게 생각해서 피곤한 게 아닙니다. 자동적으로 그런 느낌이 듭니다. 그렇다고 모기에게 화를 낼 수도 없습니다. 모기는 자신의 행동에 책임질 수 있는 사람이 아니니까, 모기에게 '내 피를 돌려내라, 약을 발라라'며 요구할 수 없습니다.

그런데 만약 남편이 그날 밤 현관문을 활짝 열어뒀다는 사실을 알게 된다면 어떨까요? 남편이 열어둔 문으로 모기가 자유롭게 들어온 것이라면? 남편은 그날 무사하기 힘들 것 같습니다. 모기 때문에 한숨도 못 잔 아내가 남편에게 화를 낼 테니까요. 즉 화가 날 만한 충분한 이유가 있기 때문에 화가 생겨납니다.

그런데 만약 남편이 집에 어마어마하게 쌓인 택배 박스와 쓰레기를 정리하느라 현관문을 열어놓을 수밖에 없었다는 것을 알고 있었다면 어떨까요? 그렇다면 또 이야기가 달라집니다. 그 사실을 알고 있었다면 남편이 문을 열어놨다는 이유로 화를 내지 않았을 것입니다. 충분한 이유가 되지 않기 때문입니다.

이렇듯 분노는 판단에 따라 민감하게 달라지는 태도입니다. 분노가 사라질 만한 합리적인 이유가 분노를 없앤다면, 가해자는 그 이유를 찾도록 힘써야 합니다. 분노를 소멸시킬 합리적인 이유에 대해서 히에로니미는 가해자의 진심 어린 사과를 강조합니다.[40]

사과가 분노를 합리적으로 사라지게 만들려면 가짜 사과가 아니라 '진짜 사과'를 해야 합니다. 어떻게 사과해야 피해자의 분노를 충분히 소멸시킬 수 있을까요?

진짜 사과의 효능

정신과의사이자 심리학자 에런 라자르(Aaron Lazare)는 약 1000여 건의 사례와 임상 경험을 통해 진짜 사과가 무엇인지 밝혀내는 연구를 진행했습니다.[41] 라자르의 연구는 사과가 어떠한 방식으로 피해자를 치유할 수 있는지 알려줍니다. 진짜 사과는 다음과 같은 것들을 가능하게 합니다.

먼저 피해자가 분노를 충분히 표현할 수 있도록 도와줍니다. 피해자가 입장에서 피해 사실이 얼마나 큰 고통을 주었는지 입 밖으로 꺼내는 일은 중요합니다. 상처를 혼자 간직하고 있는 건 가늠할 수 없는 깊이와 무게의 상처를 방치하는 것과 똑같습니다.

자신이 입은 상처를 꺼내어 표현하는 일은 그 상처가 자기에게 어느 정도의 피해를 입혔는지 명료화하는 방법이며, 상처가 더 커지지 않게 한계를 짓는 일이기도 합니다.

그리고 그 상처를 판단하지 않고 공감하며 들어주는 사람들이 있다면, 피해자는 스스로 상처를 치유할 수 있는 힘이 생깁니다. 혼자서 견뎌왔던 상처를 이해해 주는 사람을 만나면 소외감을 해소[42]할 수 있기 때문입니다.

그렇지만 자신이 입은 모욕적인 피해 상황을 알리는 것에는 큰 용기가 필요합니다. 그 상황을 다시 떠올려야 하기 때문입니다. 그럼에도 덮어두지 않고 용기 내어 표현했다는 것, 그 고통을 견뎌 내었다는 사실은 스스로 가치 있는 사람이라고 느끼는 자긍심[43]이 될 수 있습니다.

또 진짜 사과는 미래의 안전에 대한 확신을 줍니다. 피해자는 이런 일이 나에게 또 일어날까 봐 불안해합니다. 이에 앞으로 같은 행동을 하지 않을 것이라는 가해자의 약속이 필요합니다. 필요하다면 보상도 해줘야 합니다. 친구의 물건을 잃어버린 경우에는 비슷한 물건을 사 주는 것으로 보상할 필요가 있습니다. 보상도 미래에 대한 약속의 일종이지요.

그렇다면 이런 놀라운 일을 가능하게 만드는 진짜 사과는 어떻게 하는 걸까요? 저는 대화를 통해 아이들의 생각을 들어보았습니다.

"진심으로 사과하려면 무엇이 필요할까?"

"내가 한 잘못을 있는 그대로 말해야 해요."

진짜 사과의 첫 단추는 잘못을 있는 그대로 인정하는 것입니다. 자신이 어떤 잘못을 했는지 알아야 다시는 그러지 않을 수 있습니다. 만약 이렇게 말하면 가짜 사과입니다.

"모든 게 다 미안해."

이 말은 왜 미안한지 모른다는 뜻입니다. 어떤 점에 사과해야 하는지 짚어서 말할 수 없으니까 뭉뚱그려 전부 미안하다고 말하는 것입니다. 가짜 사과의 말은 또 있습니다.

"만일 실수가 있었다면 미안해."

'실수가 있었다면'이라고 가정하는 것은 자신의 실수를 인정하지 않는 말입니다. 잘못을 있는 그대로 인정해야 합니다. 이에 더해 아이들은 진짜 사과에 필요한 것이 또 있다고 말했습니다.

"진심의 목소리, 진실한 마음, 진실한 표정으로 사과를 해야 해요."

아이들은 상대방이 말을 전하는 태도를 보고 진심을 알아차립니다. 사람의 마음을 읽어낼 수 있는 특수한 안경이 있는 게 아닌가 싶을 정도로 눈썹의 미세한 움직임만으로도 상대방의 마음을 꿰뚫어 봅니다. 거짓으로 꾸며내면 바로 들통이 나기 마련입니다.

진짜 사과를 전하는 방법

저는 라자르와 아이들이 알려준 진짜 사과를 4단계로 나누어 교실에서 적용해 보았습니다. 사과 4단계를 표로 만들어 벽에 붙여 놓은 후 사과할 일이 있을 때마다 보고 따라 하는 것입니다.

1단계는 '진상 규명'입니다. 이는 가장 중요한 단계기도 합니다. 어떤 일이 일어났고 그때 어떤 마음이 들었는지 서로의 이야기를 듣는 단계입니다. 실제 상황에서는 피해자와 가해자의 구분이 모호한 경우가 많기 때문에 일어났던 일을 복기하고 사건을 가지런히 정리하는 일은 굉장히 중요합니다.

지수가 따돌림을 당하는 것 같다고 친구들이 이야기해 주었던 날은 따돌림을 당하기 시작한 지 얼마 되지 않은 날이었습니다. 만약에 지수도 윤주를 똑같이 째려보고, 다른 친구들에게 험담을 하는 상황이 벌어졌다면 피해자가 한 사람만 생기지 않았을 겁니다.

그래서 한 사람의 이야기만 들어서는 안 되고 관련되어 있는 모든 사람의 이야기를 고루 들어야 합니다. 이야기하는 시간도 비슷

단계	행동	사과하는 말
1단계	진상 규명하기	"무슨 일이 있었어? 어떤 느낌이 들었어?"
2단계	잘못을 인정하고, 사과하기	"내가 _____을 해서 미안해."
3단계	해결책 논의하기	"어떻게 하면 너의 화를 풀 수 있을까?"
4단계	약속하기	"알았어. 그렇게 할게."

진짜 사과의 4단계

하게 배분하고요. 1단계를 시작하는 질문은 간단합니다.

"무슨 일이 있었어?"

대부분의 상황에서 아이들은 이렇게 대답을 이어갑니다.

"아니, 쟤가 먼저……!"

아이들은 어떤 일이 일어났는지 복기할 때 상대방이 한 잘못을 먼저 이야기하게 됩니다. 그러면 저는 다시 물어봅니다.

"지금은 쟤가 한 일을 말하는 게 아니라, 네가 한 일을 먼저 되짚어 보는 거야."

다른 사람의 입장에서 다시 바라보면 자기가 당한 것뿐만 아니라 자신이 벌인 일도 생각하게 됩니다. 이때 아이가 자기 마음을 더 잘 들여다보게 하는 마법의 문장이 있습니다. 저는 윤주에게 이렇게 말했습니다.

"너희가 아무 이유 없이 그랬을 것 같지 않은데, 무슨 일이 있었던 거야?"

나름의 이유가 있어서 그런 일을 했을 거라고 말하면 아이들은 자기를 이해해 주는 사람이 있다는 믿음을 갖고 자신을 들여다봅니다. 미성이가 대답했습니다.

"저랑 지수랑 가고 있는데 다른 친구가 지수한테 할 이야기가 있다고 데려가서 저 혼자 남은 거예요. 그래서 속상했어요. 그래서 점심시간에 셋이 화장실에 가서 지수 이야기를 했어요."

윤주가 대답했습니다.

"지수가 저희 말고 다른 친구들하고 있을 때 더 많이 웃고, 더 즐겁게 노는 것처럼 보였어요."

"그랬구나. 너희들은 지수랑 잘 지내고 싶은데 지수가 다른 친구들을 더 좋아하는 것 같아서 질투심을 느꼈나 보구나."

"네."

저는 이야기를 듣고 아이들이 그런 일을 벌인 사정을 이해했습니다. 아이들의 사정은 사건의 전개 양상을 파악하기 위한 과정일 뿐입니다. 사과에서 가해자의 사정보다 중요한 것은 그 상황에서 피해자가 어떻게 느꼈을지 공감하는 일입니다. 이제 저는 지수에게 중요한 질문을 했습니다.

"지수야, 친구들이 째려보고 너 혼자 놔두었을 때 어떤 느낌이

들었어?”

지수가 고개를 숙이며 말했습니다.

“소외감이 들고, 좀…… 외로웠어요.”

지수가 말을 마치니 정적이 흘렀습니다. 저는 일부러 정적을 길게 끌었습니다. 지수가 느낀 외로움이 얼마나 깊은 것인지 알 길이 없지만, 그래도 우리는 그걸 이해하고자 노력해야 했습니다. 윤주와 미성이, 은주에게 물어보았습니다.

“지수 말을 들으니 어떤 느낌이 들어?”

“미안한 마음이 들어요.”

미안한 마음은 책상 위에 놓인 폭탄의 타이머가 딸깍 꺼지는 신호입니다. 미안함을 느꼈다면 남은 단계가 수월하게 흘러갑니다.

상처받은 아이가 진정으로 원하는 것

2단계에서는 잘못을 인정하고 사과합니다. 어떤 점이 미안한지 콕 짚어서 사과해야 합니다. 윤주와 미성이, 은주에게 어떤 점이 미안한지 이야기를 하라고 했습니다. 아이들은 무엇을 잘못했는지 잘 알고 있었습니다.

"내가 너를 째려보고 소외시켜서 미안해."

3단계는 해결하기입니다. 잘못한 사람이 어떤 노력을 할 수 있을지, 상처받은 아이에게 어떻게 속상한 마음을 풀 수 있을지 묻습니다. 아이들은 조심스레 지수에게 물어보았습니다.

"내가 무엇을 하면 네 화가 풀릴 수 있어?"

어떻게 해야 상처받은 마음을 회복할 수 있을까요. 어떻게 해야 상처받은 마음을 추스르고 나아갈 수 있을까요. 무엇으로 보상해야 이 일을 극복할 수 있을까요. 너무도 어려운 질문입니다. 어떤 대답이 나올지 초조한 마음으로 지켜보았습니다. 지수가 말했습니다.

"다음에는 그러지 마."

저는 지수의 얼굴을 다시 보았습니다. 엄중함과 단호함이 서려 있었습니다. 다음에 그러지 않겠다는 약속으로 지수는 자신의 마음을 다독이고 다시 앞으로 나아갈 수 있었습니다.

지수뿐만이 아니라 많은 아이들이 사과하기 3단계에서 '다음에 그러지 말라'는 약속을 요청했습니다. 친구에게 상처받고 분한 마음에 씩씩거리고, 훌쩍이고, 소리치며 이야기를 시작했다가 3단계에 다다르면 차분한 모습으로 다음에 그러지 말라고 이야기합니다.

마지막 4단계에서는 3단계에서 친구가 요청한 일을 하겠다고 '약속'을 합니다. 친구에게 약속을 하고, 자기 자신에게도 다짐합니다.

"알겠어, 앞으로는 그러지 않을게."

아이들은 지수에게 정중하게 약속했습니다. 그 후에 꼭 하는 의식이 있습니다. 바로 손가락 걸기입니다.

마주 건 새끼손가락의 힘

"자, 이제 손가락 걸고 약속해."

의외의 주문이라 생각했는지 아이들은 제 얼굴을 봤습니다. 저는 고개를 끄덕이며 '너희들이 생각하는 그 손가락을 거는 약속이 맞다'는 신호를 보냈습니다.

윤주가 작고 통통한 새끼손가락을 지수에게 내밉니다. 두 사람은 새끼손가락을 서로 말아 쥐고, 엄지손가락으로 도장을 콩 찍습니다. 다시 슬쩍 손을 빼려고 하면 저는 아이들을 막습니다.

"에이, 복사랑 코팅까지 해야지."

아이들은 서로 손바닥을 마주 부비면서 피식 웃습니다. 잔뜩 굳어 있던 얼굴에 슬그머니 피어오르는 새하얀 미소. 저는 이 미소가 참 좋습니다. 이 미소를 보기 위해 지금껏 폭탄을 해체하는 긴 대화를 달려왔나 봅니다.

아이들의 모습을 보며 손가락 약속은 '우리는 동등하다'는 의미를 전하기 위한 신호 같다는 생각이 들었습니다. 손가락질을 하는 손, 밀쳐내는 손, 주먹 쥔 손으로는 약속을 할 수 없습니다. 이 손들은 상대방을 모욕합니다. 상대보다 더 높은 위치를 차지하려고 하는 손입니다. 상대의 인격을 땅바닥으로 뭉개버리는 손입니다.

하지만 친구를 향해 내민 새끼손가락은 약속하는 손입니다. 가장 연약하고 부드러운 손가락을 내밀어 너를 해칠 마음이 없다는 뜻을 전합니다. 진실한 마음을 전하는 순한 눈망울 같은 손가락입니다. 새끼손가락은 뭉개졌던 한 사람의 인격을 다시 일으켜 세울 수 있습니다.

나에게 잘못을 저지른 친구의 새끼손가락을 받아주는 손은 관대합니다. 친구의 잘못으로 상처를 입었고 분노에 불탔었지만 친구가 진심으로 사과를 하니, 이제 그 손가락을 받아줄 수 있습니다. 새끼손가락이 만나 포옹하는 순간, 두 사람은 동등한 인격으로 만납니다. 새끼손가락은 다른 어떤 손가락보다도 힘이 센 손가락입니다.

새로운 생각을 발견하는 철학 여행 지도

1. 사과 정거장에서 만나는 철학 개념

☑ 사과   ☑ 분노   ☑ 판단에 민감한 태도

2. 부모를 위한 길잡이 질문

사람은 누구나 실수를 한다. 내 아이가 잘못을 했다면 정확하게 사과하는 법을 가르쳐주는 기회라고 생각해 보자.

☑ 사과할 때 필요한 것은 무엇일까?

☑ 사과할 때 하면 안 되는 행동은 무엇이 있을까?

3. 사과 정거장에서 나누는 철학 대화

♦ 사과는 무엇일까?

사과는 잘못한 사람이 상대방의 말을 경청하고, 저지른 잘못을 인정하고, 앞으로는 그러지 않겠다고 약속하는 일이야. 그리고 실제로 그 약속을 실천해야 진짜 사과가 될 수 있어.

♦ 분노는 내가 어찌할 수 없는 힘일까?

누군가 나에게 잘못을 저지르면 분노가 생기지. 분노가 무엇인지, 어떻게 해야 사라지는지 알아야 진짜 사과를 할 수 있어. 철학자 노비츠는 분노가 의지를 벗어나 나를 향해 밀려오는 힘이라고 했어. 동정심과 같은 또 다른 강력한 감정이 분노를 휩쓸고 지나가야 용서를 할 수 있지.

♦ 분노는 내가 판단할 수 있는 것일까?

반면 철학자 히에로니미는 그 상황을 어떻게 판단하느냐에 따라 분노가 생길 수도 있고 사라질 수도 있는 '판단에 민감한 태도'라고 했어. 분노를 버릴 만한 충분한 이유가 있을 때 분노가 사라질 수 있지. 이때 진짜 사과는 분노를 버릴 만한 강력한 이유가 돼.

정거장7: 우정

"친구가 너무 미우면
어떻게 해야 할까?"

상훈이는 봄방학 내내 엄마를 붙들고 울었습니다. 4학년의 마지막 날에 5학년 3반이 되었다는 걸, 그리고 민준이도 같은 반이라는 걸 알게 되었기 때문입니다.

상훈이는 민준이와 같은 반이라는 사실만으로도 악몽에 시달렸습니다. 둘의 악연은 3학년 때 시작되었습니다. 같은 반이었던 두 아이는 뛰어놀기를 좋아해서 같이 어울려 노는 일이 많았습니다. 그런데 가까워질수록 자주 다퉜습니다. 무슨 일 때문인지는 정확하게 기억나지 않지만 눈만 마주치면 싸웠다고 합니다.

그러다 상훈이에게 잊을 수 없는 일이 일어났습니다. 어느 점심

시간, 운동장에서 놀고 있을 때 정글짐 위에 앉아 있는 상훈이를 민준이가 미는 바람에 상훈이가 모래 바닥으로 떨어지고 말았습니다. 온몸에 묻은 모래를 털어내면서 상훈이는 민준이에게 소리쳤습니다.

"왜 밀어?"

"너 죽이고 싶어서."

민준이의 말에 상훈이는 충격을 받았습니다. 이 장면은 상훈이의 마음속에 콱 박혔습니다. 그럴 수밖에 없었을 겁니다. 자기를 다치게 하고 나서 미안해하지도 않고 일부러 그랬다고 했으니까요.

그 이후로 상훈이는 민준이를 볼 때마다 그 일이 생각났습니다. 그래서 민준이의 모든 행동이 자신에게 해를 끼치는 것으로 보였습니다. 다른 친구가 별명을 부르면 웃으며 넘어갈 수 있었는데, 민준이가 그러면 부르르 치가 떨릴 만큼 싫었습니다.

그런데 정작 민준이는 그 일을 기억하지 못했습니다. 민준이가 기억하는 둘 사이의 역사는 조금 달랐습니다. 오히려 상훈이가 자신을 미워해서 친구들을 주도해 왕따를 시켰다고 생각했습니다. 민준이는 상훈이 때문에 친구들과 어울리는 게 너무 힘들었다고 고백했습니다. 두 아이의 관계는 얽히고설켜 단단히 꼬여 있었습니다.

사과를 받아도 소용없어요

5학년 3반 담임을 맡은 저는 쉬는 시간마다 두 아이의 싸움을 중재해야 했습니다. 누가 먼저랄 것도 없이 별명 부르기, 툭 치고 도망가기, 물건 숨기거나 망가뜨리기 등 다양한 레퍼토리로 서로를 괴롭혔습니다. "선생님, 얘네 또 싸워요!"라는 제보가 들어오면, 일단 둘을 불렀습니다.

방금 싸우고 난 두 아이 표정은 험악합니다. 인상을 잔뜩 찌푸리고 서로를 째려보지요. 그 모습을 바라보는 저 역시 저절로 마음이 구겨지는 것 같지만, 저는 아이들과 무엇을 해야 할지 알고 있습니다. 차분히 민준이와 상훈이에게 물어봅니다.

"무슨 일이 있었어?"

사과하기 1단계로 시작해 차근차근 4단계까지 다다랐습니다. 민준이가 상훈이에게 미안하다고 말하고 자신이 어떻게 할지 해결책을 물어봤습니다.

"상훈아, 미안해. 어떻게 하면 네 기분을 풀 수 있을까?"

그런데 상훈이는 민준이의 얼굴을 쳐다보지도 않고 땅바닥만 노려보고 있었습니다.

"상훈아, 민준이가 미안하다고 하잖아. 어떻게 하면 기분을 풀 수 있냐고 물어보는데 대답해야지."

"미안하다고 말만 하고, 또 똑같이 놀리잖아요. 왜 사과를 받아 줘야 해요?"

상훈이의 말을 듣고 말문이 탁 막혔습니다. 대답할 수 있는 말이 아무것도 떠오르지 않았습니다. 상훈이는 민준이를 정확하게 알고 있었습니다. 일전에 학급 회의를 거쳐 공개적으로 사과를 하고 난 뒤 민준이는 저에게 이렇게 털어놓았습니다.

"저 아까 진심으로 사과한 거 아니에요. 빨리 사과하고 놀아야 해서 대충 말한 거예요."

민준이의 말을 들었을 때 저는 말문이 막히다 못해 귀가 따끔거렸습니다. 들어서는 안 될 말을 들은 것 같았어요. 민준이는 진심 없이 대충 미안하다고 해놓고서 똑같은 행동을 몇 번이나 반복했습니다. 상훈이는 이런 민준이를 용서해 줘야 할까요?

민준이에게 필요한 것은 용서가 아니라 처벌이라는 생각이 들었습니다. 물론 체벌이 아니라 처벌입니다. 아이를 체벌해서 생기는 건 반성과 뉘우침이 아니라 평생토록 가슴에 남을 멍 자국밖에 없습니다. 잘못을 했다고 하여 신체에 직접 고통을 주는 체벌을 해서는 안 됩니다.

저는 민준이에게 '쉬는 시간 놀이 금지령'과 '반성문'이라는 처벌을 내렸습니다. 쉬는 시간에 놀 수 있는 시간을 뺏고 반성문을 쓰게 했습니다. 제 옆자리에 붙여놓은 책상에 바른 자세로 앉아서 바른 글씨로 '무슨 일이 있었는지, 무엇을 원해서 그 일을 했는지, 그 행동을 해서 원하는 것을 얻을 수 있었는지, 보다 나은 행동은 무엇인지, 앞으로 어떻게 할 것인지'에 대해 답을 쓰게 했습니다.

A4 용지에 빽빽하게 답을 적고 그에 대해서 저와 하나씩 이야기를 나누고 나면 오래도록 학교에 남게 될 때도 있었습니다. 반성문이 세 장 더 모이면 부모님을 모셔서 상담을 할 것이라고도 했습니다.

민준이와 씨름을 하면서도 마음 한편에는 이런 질문이 떠올랐습니다. 아이가 마음껏 놀 수 있는 자유를 빼앗아도 되는 걸까? 아이에게 처벌을 내려도 되는 걸까?

스스로 책임질 수 있는 기회를 주기 위하여

저는 철학자 이마누엘 칸트(Immanuel Kant)에게 그 답을 얻을 수 있었습니다. 칸트는 응보주의 원리에 근거하여 가해자를 처벌하는 건 필요하다고 보았습니다.[44] 잘못을 한 대가를 치러야 하기 때문에 처벌해야 한다는 주장을 응보주의적 형벌론이라고 합니다.

이는 가해자를 싫어해서도, 잘못된 행동을 예방하고 억제하기 위해서도 아니며 오로지 잘못을 저지른 '대가'를 치러야 하기 때문

입니다.[45]

처벌의 목적은 자신이 저지른 잘못을 반성하고 책임질 수 있는 기회를 주는 것입니다. 처벌이 가능한 이유는 잘못을 저지른 사람도 책임을 질 수 있는 인격적 존재로 인정하기 때문입니다.

또한 사적 복수를 막을 수 있다는 점도 응보주의적 형벌론의 근거가 됩니다. 잘못을 했을 때 응당한 처벌을 받지 않으면 피해자가 사적으로 복수할 수도 있기 때문입니다.

저는 민준이에게 반성문을 쓰도록 하는 처벌은 정당하다는 결론을 내렸습니다. 민준이는 자신이 저지른 잘못, 즉 친구를 지속적으로 놀리는 일에 대해 대가를 치러야 합니다. 반성문은 민준이가 자신의 잘못을 생각해 볼 기회가 됩니다.

민준이의 행동이 고쳐지지 않는데도 그대로 두기만 한다면 아이가 자신의 깊이 생각하고 반성할 기회를 빼앗는 것입니다. 아이가 새로이 행동할 가능성을 무시하는 것이지요.

민준이가 반성문을 쓰며 괴로워하는 것을 보게 되자 상훈이는 민준이에게 대항해 싸우고 소리 지를 필요가 없어졌습니다. 두 아이는 거리를 유지하며 싸우는 횟수를 줄이는 듯 보였습니다.

하지만 그럼에도 아슬아슬한 느낌이 들었습니다. 언제 또 싸움이 터질지는 모를 일이었습니다. 저는 조금씩 지쳐갔습니다. 뛰놀고 싶은 아이를 가두어서 반성문을 쓰게 하는 건 힘들었습니다. 민준이도 지쳐 보였습니다.

　교실은 매일 아이들이 성장하는 곳입니다. 성장한다는 것은 어제의 나와 오늘의 내가 달라질 가능성이 있다는 뜻입니다. 처벌을 넘어선 저 먼 곳 어딘가에, 민준이와 상훈이가 싸우지 않으면서도 서로에게 딱 맞는 우정을 찾아낼 가능성이 있다고 믿고 싶었습니다.

　새로운 질문이 떠올랐습니다. 아이들이 진짜 우정이 무엇인지 생각할 수 있다면 변화의 가능성이 생기지 않을까? 진짜 우정은 무엇일까?

사랑과 존경을 아주 정확한 양으로 담아

　진짜 우정이 무엇인지에 대해서도 칸트가 답해줄 수 있습니다. 칸트는 실제 우정의 모습이 아니라 이상적인, 그러니까 우리가 상상할 수 있는 가장 완벽한 우정에 대해 연구했습니다. 실제 도달하기는 어렵지만, 도달하려고 노력해야 하는 우정입니다.[46]

　칸트에게 이상적인 우정은 최대로 사랑하고 존경하는 관계입니다. 최대로 사랑하고 존경해야 하는 이유는 인간이 매우 계산적인 존재기 때문입니다. 인간은 계산을 멈출 수 없기에 똑같은 양을 주고받고 싶은 요구를 무시할 수 없습니다.[47]

여기에서 똑같은 양을 준다는 것은 내가 상대방에게 얼마만큼 줬고, 상대방이 나에게 얼마만큼 줬는지 계산하라는 의미가 아닙니다. 똑같은 양이 얼마만큼이냐 하면, 바로 자신이 줄 수 있는 최대치를 주는 것입니다.

칸트에게 사랑과 존경은 서로 다른 방향으로 작용하는 힘입니다. 사랑은 끌어당기는 힘이고, 존경은 밀어내는 힘이라고 했지요.[48] 사랑은 상대방이 행복해지기를 바라며 선한 마음을 주는 것입니다. 친근한 말투, 온화한 표정, 반갑게 인사하는 얼굴, 나와 다른 의견에도 다투지 않는 관대함 같은 것들[49]을 통해서 표현할 수 있는 마음입니다.

무언가를 주면 상대방은 받는 만큼 빚을 지게 됩니다. 그리고 상대는 받은 만큼 다시 갚으려 하고, 그러면서 계속 서로 가까워집니다.

반면 존경은 다시 나에게 돌아오길 바라며 베푸는 것이 아닙니다. 상대방이 마땅히 받아야 할 것을 주는 것입니다. 칸트는 인간을 이성적이고 도덕적인 존재로 바라보았습니다. 인간이라면 누구나 그 무엇과도 바꿀 수 없고, 수단으로도 삼을 수 없는 존엄성을 지니고 있다고 했습니다.[50] 그러므로 존경은 상대방이 마땅히 받아야 하는 것입니다.

만약 상훈이가 민준이를 존경한다면 단지 한 명의 사람으로, 이성적으로 생각하고 도덕적으로 행동할 수 있는 사람으로 여기며 존경하게 되는 것입니다. 자신에게 실수를 했더라도 반성할 수 있는 존재로 말이지요.

존경의 반대말은 경멸입니다. 만약 상훈이가 민준이를 경멸한다면 자기와 비교하여 더 가치가 낮은 사람으로 봅니다.

칸트가 말하는 이상적인 우정이 불가능에 가깝다고 하더라도, 우리는 이를 통해 우정이 도달해야 하는 지향점을 그려볼 수 있습니다. 민준이와 상훈이가 서로 경멸하지 않고, 자신이 할 수 있는 최대치로 사랑하고 존경할 수 있을까요? 어떻게 하면 서로의 존엄성을, 서로의 가치를 발견할 수 있을까요?

우정은 돼지도 춤추게 한다
· · · · · · · · · · · · · · · · · · · ·

불가능해 보이던 그 일이 일어났습니다. 『아기 늑대 세 마리와 못된 돼지』*를 읽으며 아이들과 이야기를 나누던 어느 날이었습니다.

이 그림책은 '아기 돼지 삼형제'를 패러디했습니다. 아기 돼지 삼형제 대신에 아기 늑대 삼형제가 등장하는데, 늑대 삼형제가 독립

* 유진 트리비자스 글·헬린 옥슨버리 그림, 김경미 옮김, 시공주니어, 2006.

할 때 엄마는 '크고 못된 돼지'를 조심해야 한다고 당부합니다. 집을 떠난 늑대들은 첫 번째로 안전한 벽돌집을 지었습니다. 집을 다 짓고 늑대들이 놀고 있을 때 크고 못된 돼지가 나타났습니다.

아기 늑대 삼형제는 엄마의 말씀을 잘 듣는 착한 늑대라서 문을 잠그고 돼지는 절대 들어올 수 없다고 외쳤습니다. 돼지는 집을 무너뜨리기 위해 콧김을 세게 불었지만 벽돌집은 꿈쩍도 하지 않았습니다.

돼지는 어떻게 했을까요? 크고 못된 돼지답게 쇠망치로 벽돌집을 부수어버립니다. 아기 늑대 삼형제는 계속해서 더 튼튼한 집을 짓고, 돼지는 계속해서 집을 부숩니다.

아기 늑대 삼형제와 돼지의 갈등이 깊어질수록 늑대들은 더 크고 튼튼한 집을 지었습니다. 그러나 정작 가장 쉽게 부서지는 꽃집을 짓고서야 이들은 화해할 수 있었습니다. 꽃집을 부수려고 숨을 들이쉰 돼지가 향긋한 꽃향기에 기분이 좋아졌기 때문입니다. 신나게 춤을 추는 돼지의 모습에 아기 늑대 삼형제는 경계를 풀고 다가갑니다.

이 그림책에서 집은 아주 중요하게 등장합니다. 늑대들은 계속 더 튼튼한 집을 쌓아올리고, 돼지는 계속해서 부수려고 하지요. 왜 그럴까요? 저는 아이들에게 물어보았습니다.

"늑대가 지은 집은 무엇을 의미할까?"

상훈이가 답했습니다.

"늑대가 지은 집은 마음의 문을 열지 않으면 영원히 뚫을 수 없는 벽이에요."

늑대들의 집은 상대방을 향해 굳게 걸어 잠근 마음의 문을 상징하고 있었습니다. 늑대 삼형제가 돼지를 크고 못됐다고 생각했기 때문에 계속해서 벽을 쌓아올렸던 것입니다.

'벽을 눕히면 다리가 된다'[51]라는 말처럼 상대방과 나 사이에 세운 벽을 넘어뜨리면, 벽은 상대방과 나를 이어주는 다리가 됩니다. 늑대가 무너뜨린 벽을 다리 삼아 돼지는 룰루랄라 춤을 추며 다가왔습니다.

벽을 무너뜨리면 그 사이로 사랑을 주고받고 존경을 보낼 수 있습니다. 저는 조심스레 희망을 품었습니다. 늑대 형제가 돼지에게 문을 열어주지 않았던 것처럼 상훈이도 민준이에게 마음의 문을 굳건히 닫았었다는 걸 깨닫기를 바랐습니다.

책을 읽은 다음 날 아침. 일찍 등교한 상훈이가 가정통신문의 회신서를 가위로 자르며 저에게 말했습니다.

"어제 엄마한테 민준이랑 있었던 일을 말했는데요. 엄마가 '민준이가 원래 그렇지. 그러니까 민준이랑 웬만하면 놀지 말라고 그랬잖아'라고 하셨어요."

상훈이가 마음의 문을 닫았던 것처럼 상훈이의 어머니도 민준이

를 향해 벽을 쌓아왔습니다. 오랜 시간 둘의 싸움을 지켜본 어머니 역시 지칠 대로 지쳤을 겁니다. 상훈이를 지속적으로 놀리는 민준이의 가치를 낮게 평가했을 겁니다.

어쩐지 초조한 마음이 들었습니다. '그간의 노력이 물거품이 되면 어쩌지? 칸트가 말하는 사랑과 존경은 역시 손에 닿을 수 없는 유니콘 같은 이야기일까?' 저는 조심스레 상훈이에게 물어봤습니다.

"그래서 너는 뭐라고 말씀드렸어?"

"엄마, 그렇게 자꾸 안 좋게 보면 계속 싸울 수밖에 없어."

담담하게 말하는 얼굴이 평온하게 빛났습니다. 책상에 앉아 있는 저와 눈이 딱 마주치는 작은 키였지만 그 순간 상훈이의 얼굴은 삶의 지혜를 깨달은 사람처럼 보였습니다. 상훈이는 민준이를 안 좋게 보는 것을 그만두기로 했습니다. 높이 쌓아온 마음의 벽을 허물기로 결심한 것입니다.

우정은 둥글게 부푼다

상훈이가 사랑과 존경을 최대치로 보내는 방법은 민준이의 좋은 점을 발견하려고 노력하는 일이었습니다. 안 좋게 보려고 하면 안 좋은 점만 끝없이 보입니다. '나를 괴롭히는 사람'이라는 딱지를 얼굴 한가운데에 딱 붙여놓으면 그 외의 다른 점은 절대 보이지 않습니다. 민준이의 좋은 점을 발견하는 것은 상훈이에게는 상상도 못할 만큼 어려운 일이었지만 결국 해냈어요.

민준이에게는 타고난 유머 감각이 있었습니다. 민준이가 월간 잡지인 「오삼불고기」에 실은 만화는 아이들에게 인기를 끌었습니다. 상훈이는 그 만화를 좋아했습니다.

그리고 민준이는 대충 사과하는 습관을 버렸습니다. 누가 시켜서 하는 것이 아니라 스스로 먼저 사과하고 어깨에 손을 올리며 상훈이의 마음을 풀어주었습니다. 5학년이 끝나갈 즈음 민준이가 말했습니다.

"상훈이랑 많이 싸웠거든요. 그런데 제비뽑기를 해서 상훈이랑 같은 모둠으로 숙제를 하게 되었어요. 숙제를 하다 보니까 상훈이랑 좀 잘 맞는 거예요. 그래서 다시 친구가 되었어요."

그 말을 들은 상훈이가 슬며시 웃었습니다. 눈만 마주치면 으르렁거리며 싸우던 두 아이는 3년 만에 다시 친구가 되었습니다. 이건 어느 하루아침에 일어난 기적이 아니었습니다.

상훈이를 계속 놀리는 민준이에게 처벌이 없었다면 잘못을 반성할 기회를 얻지 못했을 겁니다. 우정에 대해 생각해 볼 기회가 없었다면 상훈이도 굳게 닫힌 자신의 마음을 발견하지 못 했을 겁니다. 상훈이와 민준이가 서로 존엄한 인간이라는 사실을 떠올리게 만드는 작은 에피소드가 차곡차곡 쌓였기에 가능한 일이었습니다.

쉬는 시간에 반성문을 끝까지 쓰기 위해 애쓰는 민준이의 모습, 상훈이에게 사과하는 민준이의 진지한 얼굴, 상훈이에게 인사하며 다가오는 민준이의 생글생글한 미소, 민준이가 그린 만화를 읽으며 상훈이가 깔깔 웃는 얼굴, 민준이에게 먼저 장난을 거는 상훈이의 모습. 웃음과 분노와 장난과 사과와 용서가 뒤범벅된 민준이와 상훈이만의 우정.

저는 두 사람의 우정을 지켜보며 열기구 같다는 생각이 들었습니다. 열기구의 불을 화르륵 피울 때마다 바닥에 납작하게 누워 있던 풍선이 계속 커지잖아요. 우정도 그렇습니다.

상대방을 향해 사랑을 보내며 서로 가까워지고, 동시에 존경하며 거리를 유지할 때 우정은 둥글고 커다랗게 부풀 수 있습니다. 여기서 더 커질 수 있을까 싶을 때도 그보다 더 커질 수 있습니다. 둥글게 부푼 우정은 우리를 먼 곳으로 데려갈 수 있습니다. 처벌보다 더 먼 곳으로, 사랑과 존경이 살아 숨 쉬는 곳으로요.

새로운 생각을 발견하는 철학 여행 지도

1. 우정 정거장에서 만나는 철학 개념

☑ 우정   ☑ 사랑과 존경   ☑ 응보주의적 형벌론

2. 부모를 위한 길잡이 질문

너무 미운 친구가 있어서 아이가 괴로워한다면, 우정이 무엇인지 본질을 파고들어 보자. 의외의 곳에서 문제 해결의 실마리를 발견할 것이다.

☑ 똑같은 잘못을 계속하는 친구를 용서해 줘야 할까?

3. 우정 정거장에서 나누는 철학 대화

♦ 친구가 같은 잘못을 계속 저질러서 너무 미우면 어떻게 해야 할까?

우정이 무엇인지 한 번 생각해 보자. 진짜 우정이 무엇인지 알게 되면 진짜 우정을 가로막고 있는 것이 무엇인지도 알게 될 거야.

♦ 잘못을 저지른 사람을 처벌해도 될까?

철학자 칸트는 가해자가 자신이 저지른 잘못의 대가를 치러야 하므로 처벌해야 한다고 주장해. 처벌의 목적은 자신이 저지른 잘못을 반성하고 책임질 수 있는 기회를 주는 것이야.

♦ 우정은 무엇일까?

칸트에게 우정은 서로 최대치로 사랑하고 존경하는 관계야. 인간은 계산적인 존재이기에 서로 얼마만큼 주고받는지 계산하게 되므로 자신이 줄 수 있는 최대치를 주려고 노력해야 한대.

♦ 진정한 우정을 위해 필요한 게 있을까?

서로 반대로 작용하는 사랑과 존경이 필요해. 사랑은 상대가 행복해지기를 바라는 마음으로 선한 마음을 베푸는 것이고, 존경은 대가를 바라지 않고 상대방의 존엄성을 존중하는 것이야. 존경의 반대는 서로의 가치를 비교해 나보다 가치가 낮다고 생각하며 무시하는 경멸이야.

아이와 함께 떠나는 열두 번의 철학 여행

3장

다른 사람과
어울려
살아가기

정거장8: 외모

"예뻐야
사랑받을 수 있을까?"

어느 오후의 수학 시간이었습니다. 초등학교 5학년 아이들이 수학 문제를 풀고 있었습니다. 저는 아이들 사이를 다니며 문제를 잘 푸는지 확인했습니다.

마침 지선이의 옆자리가 비어 있기에 그곳에 앉아서 지선이의 수학책을 봤습니다. 그런데 고개를 푹 숙이고 있던 지선이의 수학책 위로 갑자기 눈물이 한 방울씩 떨어지더니 곧 후두둑 쏟아지기 시작했습니다. 깜짝 놀라 어깨를 토닥이며 괜찮으냐고 물었습니다. 아이는 꺼이꺼이 울며 화장실로 달려갔습니다.

무슨 일인지 물어봐도 아이는 대답을 할 수 없을 정도로 숨이 차게 울었습니다. 몇 시간이 지나 울음이 가라앉자 걱정스러운 마음으로 지선이에게 물어보았습니다.

"지선아, 대체 무슨 일이야?"

지선이는 풀이 죽은 얼굴로 대답했습니다.

"재호가 이제 더 연락하지 말래요."

이런! 지선이가 재호를 좋아한다는 걸 알고 있었기에 무슨 상황인지 파악됐습니다. 재호에게 차여 가슴속에 큰 구멍이 생겨버리고만 것입니다. 울먹거리는 지선이를 꼭 안아주니 아이는 제 품에서 어깨를 들썩거리며 더 크게 울었습니다.

저는 지선이를 위로해 주고 싶었습니다. 자신의 존재를 부정당한 것처럼 느끼는 그 슬픔의 무게를 덜어주고 싶었습니다. 그러나 적당한 위로의 말을 찾기 어려웠습니다. '더 좋은 남자애를 만날 거야'도 아닌 것 같고, '이번을 기회로 삼아 공부에 더 집중하자'도 아닌 것 같았습니다.

내가 못생겨서 나한테 관심이 없나?

그 당시 저는 온라인으로 초등학생 철학 동아리를 모집해 수업을 진행하고 있었습니다. 동아리 시간에 아이들에게 연애 문제에 대해 자문했습니다. 온라인으로 모인 아이들은 학교도 달랐고, 사는 곳도 달랐기에 솔직하게 마음을 털어놓았습니다.

"좋아하는 애한테 거절당한 친구가 있어. 그 친구한테 뭐라고 위로해 주면 좋을까?"

지선이와 동갑인 선혜가 대답했습니다.

"친구한테 예쁜 머리핀을 사주거나 화장을 해줄래요."

"왜? 친구가 꾸미는 걸 좋아해서?"

"아뇨. 누가 나를 싫다고 하면 '내가 못생겨서 나한테 관심이 없나? 나보다 더 예쁜 애를 좋아하지 않을까?' 하는 생각이 들거든요."

선혜는 못생기면 다른 사람의 관심을 못 받는다고 생각하고 있었습니다. 정말 그럴까요? 예뻐야 사랑받을 수 있는 걸까요? 아이들이 다른 사람에게 쉽게 털어놓을 수 없는 속마음을 말해주어 고마운 한편 마음 한구석이 아렸습니다.

예쁘다는 건 뭘까요? 예쁘다는 게 뭐길래 누구에게 선택받고 사랑받을 수 있는 자격이 주어지는 걸까요? 선혜에게 다시 물어보았습니다.

"예쁘다는 걸 누가 정할까?"

"제가 봤을 때 예쁘면 다른 사람이 봤을 때도 예쁘겠죠. 반에서 예쁜 애가 누군지 세어봐요. '누구누구가 예쁘다' 이렇게요."

"그런 애들은 어떻게 생겼는데?"

아이와 함께 떠나는 열두 번의 철학 여행

"우선 눈이 크고 피부가 하얘요. 옷 스타일도 예쁘고요. 그런 애들이 인싸예요. 머리가 산발이고 안경을 쓴 애들은 촌스럽지만 친근하게 느껴져요."

선혜가 말한 예쁜 아이의 특징을 저는 반박할 수가 없었습니다. 커다란 눈망울에 눈처럼 새하얀 피부를 지니고 있으면서 옷도 잘 입는 아이라면 누구라도 예쁘다고 하니까요. 선혜의 말처럼 '내 기준에서 예쁘면 재 기준에서도 예쁜', 누구나 인정하는 아름다움의 표준이라는 것이 있을까요?

성형외과 의사들이 발표한 연구에 따르면 누구나 인정하는 아름다운 얼굴이 있습니다.[52] 이 연구에서는 보편적인 얼굴과 매력적인 얼굴의 차이를 밝힙니다. 한국인과 백인, 흑인 여성에서 평균적인 얼굴과 매력적인 얼굴의 사진을 찍어 계측하고 분석한 결과, 전 인종을 통틀어 '눈과 눈 사이의 간격이 멀고 턱이 작은' 얼굴이 매력적인 얼굴이었습니다.

이 연구 결과를 보며 아이돌이 떠올랐습니다. 아이돌은 별이 담긴 것 같은 커다란 눈과 아주 작은 얼굴, 날씬하고 기다린 몸으로 춤을 추고 노래합니다.

매력적인 사람이라 여겨지는 기준에는 얼굴의 생김새만 있는 것이 아닙니다. 선혜의 말처럼 '머리카락이 부스스하거나, 안경을 썼거나, 옷 스타일이 후줄근하다'면 예쁘지 않습니다. 머리부터 발끝까지 잘 꾸밀 수 있어야 합니다.

매력적인 사람이 되는 것은 특별한 소수에게만 부여되는 자격일까요? 하지만 그건 너무 가혹합니다. 특히 어린 시절의 저에게 말이지요.

저는 먹성이 좋아 초등학생 시절 내내 통통한 체형이었습니다. 집에서 뒹굴뒹굴하며 TV를 보고 책 읽는 걸 좋아해 눈이 안 좋은 나머지 안경도 쓰고 있었고요. 꾸미는 것에도 그다지 큰 관심이 없었습니다. 선혜가 말한 '인싸'보다는 '촌스러운 애'에 가까웠지요.

저의 통통한 몸은 아이들이 놀리기 딱 좋았습니다. 가혹하게도 '돼지'라는 별명이 저를 따라다녔습니다. 그러던 어느 날, 돼지라고 놀림 받던 제 일상을 바꾼 일이 일어났습니다.

열한 살 무렵이었습니다. 담임선생님이 주신 자기소개서에 별명을 쓰는 칸이 있었어요. 별명은 자주 불리는 말이겠거니 하는 생각으로 '돼지'라고 써서 냈습니다. 그런데 아무리 생각해도 스스로 돼지라고 하는 건 이상했습니다.

선생님에게 제출한 자기소개서를 다시 찾아와 돼지라고 쓴 글씨를 지우개로 벅벅 지웠습니다. 잘 지워지지 않아 종이는 꾸깃꾸깃해지고 글씨가 자꾸 번져 진땀을 빼고 있는데, 옆에서 종욱이의 목소리가 들렸어요.

"야, 네가 왜 돼지야? 너 돼지 아니야!"

돼지가 아니라고 말하는 종욱이의 목소리가 제 귀에서 울렸습니다. 그 목소리는 한참 동안 제 곁에 머물렀습니다. 다른 아이들이 저를 돼지라고 놀려도, '넌 돼지가 아니야!'라고 한 종욱이의 말을 기억했습니다. 제 일상을 바꾼 것은 다이어트에 성공해서 날씬해진 게 아니라 종욱이의 한마디였습니다. 저를 다른 방식으로 바라봐 준 아이가 나타났다는 사실은 마음을 변화시키기에 충분했습니다.

초상화를 그리는 눈으로 바라보기

왜 어떤 아이는 저를 돼지라고 불렀고, 종욱이는 저에게 돼지가 아니라고 말했을까요? 저는 당시의 종욱이에게 그 이유를 물어보지 못했습니다. 그래서 선혜에게 다시 물어보기로 했습니다.

"아까 '내가 예쁘지 않아서 나를 안 좋아하나?'라고 생각한다고 했잖아. 그럼 화장을 하고 머리핀도 꽂아서 예뻐진다면 그 애가 다시 나를 좋아할까?"

"음……. 그건 아닐 거 같아요."

"그럼 선혜는 누군가 좋을 때 그 사람이 잘생겨서 좋은 거야?"

"잘생겨서 좋은 것보다는 좋아하니까 잘생겨 보여요."

"좋아하다 보면 실제보다 더 잘생겨 보인다는 말이지?"

"네, 막 엄청 잘생겨서 좋아하는 건 아니거든요. 그런데 좋아하다 보면 더 잘생겨 보여요."

어째서 좋아하면 더 잘생기게 보일까요? 철학자 로버트 노직 (Robert Nozik)은 그 이유에 대해 설명해 줍니다. 30세의 젊은 나이로 하버드대학교 정교수가 된 그는 철학적 사고란 어떤 구체적인 이론을 생각해 내는 것이 아니라 '성찰하는 삶을 사는 것'이라고 했습니다. 그리고 성찰하는 삶을 사는 것은 초상화를 그리는 일과 똑같다고 말했습니다.[53] 여기에서 우리는 사람을 새롭게 바라보는 방법을 배울 수 있습니다.

초상화를 그리듯 바라보는 건 사진 찍듯이 바라보는 방식과 다릅니다. 우리가 사진을 찍듯이 어떤 사람을 바라본다면 사진 속 인물은 '어느 한순간만을 보여주고 바로 그 순간에 어떤 모습이었으며 외양은 어땠는지 알려준다'고 했습니다. 한 사람이 가지는 다양한 모습 중에서 딱 한순간을 붙잡아 그것을 전체의 모습으로 여기는 것입니다. 예쁜 얼굴의 통계를 내는 일도 사진을 찍듯이 사람을 바라보는 것과 같습니다.

그러나 초상화를 그리기 위해서는 오랜 시간 바라봐야 합니다. 긴 시간 동안 바라보면 그 사람은 시시때때로 다르게 보입니다. 화가는 자세히 관찰한 그 찰나의 순간들을 움켜쥐고 켜켜이 쌓아올려 '실물보다 더 풍부하고 깊은 초상화'를 만들어냅니다.

아이와 함께 떠나는 열두 번의 철학 여행

로버트 노직은 "화가는 대상과 많은 시간을 보내면서 그 사람이 하는 말, 다른 사람에 대한 행동 방식 등 가시적 표면이 보여주지 않는 것들을 알게 된다"고 말합니다. 그럼으로써 세부적인 것들을 더하거나 강조하여 대상의 내면에 있는 것을 표면으로 끌어낼 수 있다고 하지요.

이렇듯 초상화를 그리는 화가의 눈에는 카메라 렌즈 바깥의 모습이 보입니다. 뒤에 오는 사람을 위해 출입문을 잡아주는 다정한 손, 새콤한 귤을 먹었을 때 찡그리는 얼굴의 주름, 어려운 문제를 붙들고 끙끙거리는 애처로운 어깨 같은 것들입니다.

선혜가 말한 '누군가를 좋아하게 되면 잘생겨 보인다'는 이유도 좋아하는 사람을 초상화 그리듯이 계속 바라보기 때문입니다. 그 사람의 잘생긴 순간을 계속해서 포착하여 마음속에 담아두니 평범했던 사람도 잘생겨 보이는 신기한 일이 생깁니다.

성실하게 자기 자신을 바라본다면

자기 자신을 오래도록 관찰해 자화상을 그린다면 어떨까요? 로버트 노직은 화가 렘브란트 판 레인(Rembrandt van Rijn)의 자화상을 예로 들었습니다.

첫 번째 자화상 　　　　　　　　60년 후 자화상

　　렘브란트는 자신의 전성기 시절부터 죽기 직전까지 계속 자화상을 그렸습니다. 1634년 그의 나이 스물여덟 살에 그린 첫 자화상과 60년 후에 그린 자화상을 비교하면 사진을 찍듯이 바라보는 것과 초상화를 그리듯이 바라보는 방식의 차이를 알 수 있습니다.[54]

　　첫 자화상은 렘브란트가 결혼한 첫해에 그렸습니다. 그림 속 렘브란트는 커다란 칼을 차고 술잔을 들어 올리며 신부 사스키아를 자랑스럽게 보여주고 있습니다.

　　미술 비평가 존 버거(John Berger)는 이 작품을 보고 그가 행복한 순간을 표현했지만 형식상 그렇게 보일 뿐이라 단언했습니다. 자신

아이와 함께 떠나는 열두 번의 철학 여행

이 누리는 행운과 특권, 부를 광고하는 것뿐 모든 광고가 그렇듯 진심이 담겨 있지 않다고 말이지요.[55]

이 그림을 그리고 6년 후 부인 사스키아가 죽고 렘브란트는 부인에게서 상당한 유산을 받았습니다. 그렇지만 화가로서의 인기는 시들해져 결국 빚더미에 올라앉았습니다. 다행히도 두 번째 아내와 아들의 도움으로 경제적인 어려움을 면해 계속해서 그림을 그릴 수 있었죠.

그러나 불행하게도 두 번째 아내와 아들 역시 렘브란트보다 먼저 죽었습니다. 1669년 렘브란트가 죽을 당시에는 헌 옷 몇 벌과 그림 그리는 화구 외에는 아무것도 남지 않았었다고 합니다.[56]

렘브란트가 나이 든 뒤에 그린 자화상은 첫 번째와는 확연히 다릅니다. 자신을 장식하는 그 어떤 소품도 배경도 없습니다. 그저 어둠 속에서도 빛을 받으며 우리를 바라보고 있는 한 사람이 존재합니다. 서양미술사가인 언스트 곰브리치(Ernst Gombric)는 렘브란트의 자화상을 보고 이렇게 말합니다.

그것은 분명 아름다운 모습은 아니다. 그러나 렘브란트는 그의 추한 모습을 결코 감추려고 하지 않았다. 그는 거울에 비친 자신을 아주 성실하게 관찰했다. 우리가 이 작품의 아름다움이나 용모에 대해 이야기하는 것을 잊어버리는 이유는 바로

이러한 성실성 때문이다.[57]

아름다움에 대한 판단까지도 잊어버리게 만드는 힘. 그 힘은 스스로의 추한 모습까지도 끌어안아 관찰한 성실성에서 나왔습니다. 자신을 돋보이게 만들어주는 어떤 순간을 포착해 그려낸 것이 아니라 굴곡진 인생이 남긴 주름, 듬성듬성 빠진 눈썹, 은발로 변한 머리카락을 관찰하고 받아들인 사람의 모습을 그려냈습니다.

렘브란트는 자화상을 통해 스스로를 바라볼 수 있는 새로운 방법을 알려줍니다. 자신의 모습을 있는 그대로 성실하게 꿰뚫어 보는 것입니다. 이러한 태도는 사랑하는 가족과 전 재산을 잃은 상황에서도 꿋꿋하게 그림을 그린 거장만이 취할 수 있는 태도가 아닙니다. 우리도 할 수 있습니다. 그럴 용기를 북돋아 줄 수 있는 사람이 곁에 있다면 누구나 가능합니다.

예쁜 구석을 발견하려면 용기가 필요하다

그림책 『내가 예쁘다고?』*의 주인공 소년에게도 자화상을 새로

* 황인찬 글·이명애 그림, 봄볕, 2022.

아이와 함께 떠나는 열두 번의 철학 여행

이 그리게 되는 기회가 찾아옵니다. 어느 수업 시간이었습니다. 짝꿍 김경희가 소년을 보며 작게 말했습니다.

"되게 예쁘다."

그 말을 들은 소년의 머릿속은 경희의 말로 가득 찹니다. 그리고 생각에 빠집니다.

'내가 예쁘다고? 그게 무슨 말이지? 쟤가 나를 좋아하는 걸까?'

하지만 색연필을 빌려달라고 했는데도 안 빌려주는 걸 보면 좋아하는 것 같지는 않습니다. 소년은 왜 예쁘다고 한 건지 궁금해서 자신을 살펴보기 시작합니다. 그랬더니 코도 오똑하고 눈도 초롱초롱한 게 예쁜 구석이 보입니다. 할머니가 '잘생긴 내 새끼' 하셨던 것도 생각납니다.

자기가 예쁘다는 걸 발견한 아이는 어쩐지 밥이 더 맛있습니다. 하루 종일 예쁜 게 뭘까 생각하던 소년이 할머니와 집으로 돌아오는 길.

"하늘 좀 보렴. 노을이 너무 예쁘다."

할머니가 감탄하며 뱉은 말에 자기도 예쁘다는 걸 떠올립니다. 어쩐지 마음이 간질거립니다.

경희는 소년을 좋아하지도 않는데 왜 소년에게 예쁘다고 했을까요? 이 그림책에는 놀라운 반전이 숨겨져 있습니다. 경희가 예쁘다고 감탄한 것은 소년이 아니라 소년 옆자리에 있던 창밖의 벚꽃이었습니다.

우연이었을 뿐이었지만 경희의 작은 감탄 덕분에 소년은 자기 자신을 새롭게 바라볼 수 있는 기회를 얻었습니다. 스스로를 바라보는 눈에 경희의 '되게 예쁘다'라는 필터를 씌우니 예쁜 구석구석을 찾을 수 있었습니다.

다른 사람의 말 한마디가 나를 찬찬히 들여다볼 용기를 북돋아 줍니다. 철학자 앙드레 기고(André Guigot)는 "우리는 오직 다른 사람이 우리의 것으로 인정해 주는 장점들에 의해서만 존재한다"고 했을 정도입니다.[58]

자세히 바라보아 예쁜 구석을 발견하는 일은 저절로 일어나지 않습니다. 온 마음을 다해 집중해서 성실히 살펴볼 때에야 가능한 일입니다. 오랜 시간 공들여 바라봐서 발견한 예쁨은 쉽게 허물어지지 않습니다.

어렸을 때의 저도 종욱이 덕분에 자화상을 새로이 그릴 수 있는 기회를 얻었습니다. 돼지라고 놀린 아이들의 이름도 얼굴도 기억나지 않지만 '넌 돼지가 아니야'라는 종욱이의 말은 몇십 년이 지난 지금까지도 제 피부 깊숙한 곳에 남아 저를 지켜주고 있습니다.

아이와 함께 떠나는 열두 번의 철학 여행

✂ ✂ 새로운 생각을 발견하는 철학 여행 지도 〈

1. 외모 정거장에서 만나는 개념

☑ 사진을 찍듯이 바라보기   ☑ 초상화를 그리듯 바라보기

☑ 성실성

2. 부모를 위한 길잡이 질문

나는 평범하다며, 혹은 못생겼다며 한숨 쉬는 아이와 함께 아름다움을 발견하는 새로운 방법을 탐구해 보자.

☑ 나 자신이 예뻐 보일 때는 언제야?

3. 외모 정거장에서 나누는 철학 대화

♦ 예뻐야 사랑받을 수 있을까?

예뻐야 사랑받는 게 아니라, 내가 사랑하는 사람은 예뻐 보여.

♦ 예쁨에 기준이 있을까?

누군가를 사진 찍듯이 바라본다면 예쁨에도 기준이 있어. 그러나 순간의 찰나만을 반영하기 때문에 그 사람의 모든 모습을 통틀어 바라볼 수가 없지.

✦ 아름다움을 어떻게 발견할 수 있을까?

철학자 로버트 노직이 제안한 것처럼 초상화를 그리듯이 대상을 바라보면 아름다움을 발견할 수 있어. 카메라 렌즈 바깥의 다양한 모습을 자세히 관찰하고 그 다채로운 모습을 통합해 실물보다 더 풍부하고 깊은 초상화를 만들어낼 수 있는 것과 같아.

✦ 나의 아름다움을 발견하려면 뭐가 필요할까?

성실함이 필요해. 성실하게 대상을 관찰할 때 예쁨을 판단하는 기준이 사라져. 자신의 예쁨을 타인이 먼저 발견해 줄 때, 성실하게 자신을 바라볼 용기가 생겨.

정거장9: 사랑

"초등학생은
연애하면 안 될까?"

　　수학여행에서의 첫날 밤. 불빛이 새어나오는 방의 문을 두드리면 아이들의 놀란 발걸음 소리, 이불 속으로 들어가는 소리가 들립니다. 아무 소리도 안 들릴 때쯤 문을 열면 아이들이 누워서 눈을 감고 있습니다.

　　"안 자는 거 다 알고 있어."

　　나지막이 말하자 아이들은 배시시 웃으며 일어납니다.

　　"선생님, 어떻게 아셨어요?"

　　"선생님은 다 알지. 안 자고 뭐 하고 있었어?"

　　"진실게임 하고 있었어요."

여기서의 진실은 좋아하는 사람이 누군지를 밝히는 것입니다. 진실이라기보다는 진심에 가깝지요. 혼자만 간직하던 비밀을 털어놓은 밤이 지나고 다음 날이 밝으면, 아이들은 참새가 먹이를 물어 나르듯 부지런히 '누가 누구를 좋아하는지' 주고받느라 바쁩니다. 민준이는 저에게 포르르 와서 이야기합니다.

"선생님! 민영이랑 지민이랑 사귄대요."

민준이의 발그레한 얼굴을 보니 절로 빙긋 웃음이 나옵니다. 민준이에게도 물어봅니다.

"그래? 너도 좋아하는 사람이 있어?"

민준이는 비밀이 있다는 듯 "몰라요"라고 말하며 다시 포르르 달려갑니다. 아이들은 좋아하는 사람이 있는지, 그게 누군지, 서로 좋아하고 있는지 알고 싶어 밤을 새웁니다.

아이들에게 좋아하는 사람에 대한 이야기는 밤을 새도 모자를 만큼 중요한 주제지만, 어른들과 터놓고 이야기하기는 어렵습니다. 어른들은 아이들의 연애가 반갑지 않기 때문입니다.

너희 사랑은 사랑이 아니야

재호 어머니는 아이의 연애 문제로 저에게 도움을 요청한 적이 있었습니다. 어느 날 재호의 휴대폰을 몰래 들여다본 재호 어머니는, 지선이가 재호에게 보낸 메시지를 보고 당황했습니다.

지선이가 메시지를 자주 보내면서 좋아하는 마음을 적극적으로 표현하고 있었기 때문입니다. 재호에게 지선이는 어떤 애인지, 둘이 친한지 물어봐도 시큰둥하게 "몰라"라고만 답한다고 했습니다. 재호 어머니가 말했습니다.

"재호는 별로 관심이 없는데 지선이가 재호를 너무 좋아하는 것 같아서 둘이 거리를 좀 뒀으면 좋겠어요."

지선이에게는 슬픈 일이지만 재호 어머니에게는 재호의 연애가 너무 걱정되는 일이었습니다. 혹시 공부에 방해되지 않을까, 남몰래 스킨십을 하지 않을까, 그러다 이상한 소문이라도 퍼지면 어떡하나 하는 걱정이 줄줄이 이어집니다.

그렇다고 연애를 무조건 반대하면 반대를 당하는 사람의 마음은 찢어집니다. 그게 얼마나 아픈지는 제가 잘 알고 있습니다.

"너희 사랑은 사랑이 아니야."

제가 재수학원에서 대학입시 준비를 할 때 선생님에게 들었던 말입니다. 새벽 6시부터 밤 12시까지, 눈을 뜨고 감을 때까지 공부만 해도 모자란 그 시기에 저는 그만 같은 반 남자애와 연애를 하기 시작했습니다. 그러던 어느 날, 갑자기 그 애는 '우리 헤어지자'라고 문자를 보내왔습니다. 저는 문자로 받은 이별 통보에 자존심이 상해 '그래'라고 짧게 답을 했고요.

다음 날 문학 시간에 선생님이 문제지 지문에 나온 시를 읽었습니다. 하필이면 이별 시였습니다. 선생님의 목소리는 가슴을 후벼 팠습니다. 문제지 위로 눈물방울이 뚝뚝 떨어졌습니다. 고개를 숙이고 눈물을 멈추려 애써봐도 애꿎은 종이만 적실 뿐이었습니다. 화장실로 뛰어가 문을 걸어 잠그고는 변기에 쪼그려 앉아서 누가 우는 소리를 들을까 봐 눈물을 삼켰습니다.

그날 이후 저는 마음을 못 잡아 힘들어했고 성적은 곤두박질쳤습니다. 그러던 중 선생님이 수업을 시작하기 전 아이들을 향해 지금 너희 사랑은 사랑이 아니라는 말을 했습니다. 현재 느끼는 감정은 지나고 보면 아무것도 아니라고, 그냥 순간적으로 흔들리는 마음일 뿐이라고 했습니다. 공부를 해야 하는 지금, 연애를 해서 잘된 사람을 한 번도 보지 못했다고 장담했습니다.

혼란스러웠습니다. '저 애를 좋아하는 마음은 확실한데 이게 사랑이 아니라면 도대체 무엇이 사랑일까? 대학에 떨어진 재수생은 사랑을 할 수도 없는 건가?' 좋아하는 마음이 쓸데없는 것으로 치부되자 나의 존재도 짓밟히는 느낌이 들었습니다.

그 후로도 누군가를 좋아하는 마음이 들 때 의심이 고개를 들었습니다. 이 마음이 정말 사랑일까? 그냥 스쳐지나갈 뿐인 감정이 아닐까? 마음이 갈팡질팡 흔들렸습니다. 좋아하는 마음이 낯설고 어려웠습니다.

저는 다짐했습니다. 선생님이 되면 아이들이 느끼는 좋아한다는 마음을 밟고 무시하는 사람이 되지 않겠다고요. 그리고 소망했습니다. 아이들이 수학여행 첫날 밤의 숙소, 쉬는 시간의 화장실, 놀이터 구석에서만 사랑 이야기를 하는 것이 아니라 식탁에서, 교실에서, 산책길에서 어른과 함께 사랑이 무엇인지 같이 탐구할 수 있는 세상이 오면 좋겠다고요.

그렇게 시간이 흘러 드디어 교실에서 아이들과 사랑을 탐구할 수 있게 되었습니다. 저는 사랑에 대한 탐구를 시작하기 전에 먼저 아이들이 연애에 대해 어떻게 생각하는지 들어보고 싶었습니다. 어른들이 걱정하는 것만큼 연애가 위험한 일인 걸까요?

초등학생이 연애를 해도 될까?

열한 살, 열두 살이 모여 있는 철학 동아리 아이들에게 질문했습니다. 연애를 하면 주로 무엇을 하느냐는 물음에 가장 먼저 지성이가 초등학생 연애의 문제점부터 짚었습니다.

"제 주변에서 연애를 하는 아이들 중 90퍼센트가 부모님한테 연애하는 걸 숨겨요."

"왜 숨길까?"

"부모님이 연애하는 걸 싫어하시니까요. 만약에 연애를 하면 저는 부모님한테 엄청 혼나고, 부모님이 제 연애에 간섭하실 거예요."

"그럼 만약에 여자 친구가 생기면 부모님한테 숨길 거야?"

"아니요. 혼나더라도 말해야죠. 말을 안 하고 있다가 들키면 여자 친구 때문에 부모님하고 관계가 틀어질 수 있잖아요."

"그럼 부모님 생각 말고 지성이 생각은 어때? 너도 연애를 하면 안 된다고 생각해?"

"네. 데이트는 반대해요. 학생은 공부를 해야 하는데 연애를 하는 건 책임감이 없는 일이에요."

"그럼 연애를 언제부터 해도 된다고 생각해?"

"딱히 나이 제한이 있는 건 아닌데요. 지금은 공부를 해야 해요."

지성이는 연애가 책임감이 없는 일이라는 부분을 특히 힘주어 말했습니다. 완강한 지성이의 태도에 선혜가 반기를 들었습니다.

"왜 연애가 공부에 방해된다고 하는 거죠? 선입견 아닐까요? 우리에게는 연애를 할 수 있는 자유가 있어요."

연애를 해본 경험이 있는 선혜는 책임감이 없다는 말에 발끈했습니다. 초등학생에게도 연애를 할 수 있는 자유가 있다는 점을 강조했습니다. 지성이가 반박했습니다.

"자유가 주어진 만큼 책임이 있는 거예요. 학생의 책임은 공부하

아이와 함께 떠나는 열두 번의 철학 여행

는 건데 여자 친구가 생기면 계속 관심을 주게 되잖아요. 카톡도 해야 하고 SNS도 하게 되고. 그러다 보면 공부하는 시간이 줄어들 수밖에 없어요."

지성이는 연애를 하는 것은 상대방에게 관심을 주는 일이라는 점에 주목했습니다. 학생이 지닌 책임은 공부를 하는 것인데 연애를 하다 보면 아무래도 공부할 시간이 줄어들 수밖에 없습니다. 선혜가 다시 반박했습니다.

"그래도 연애를 하면 행복할 수 있잖아요."

선혜는 연애를 했을 때 피어오르는 감정에 대해서 말했습니다. 확실히 연애는 강렬한 감정을 불러일으킵니다. 저는 연애를 주제로 교실에서 아이들에게 설문을 한 적이 있었습니다. 누군가를 좋아한다는 걸 어떻게 알게 되는지 물었을 때 익명의 아이가 이렇게 대답했습니다.

> 그 사람을 볼 때마다 심장이 답답하고 왠지 애틋하고, 그 사람의 말 한마디에 감정이 오락가락할 때 누군가를 좋아한다고 느낀다.

아이의 표현이 얼마나 생생한지, 누군가를 좋아하는 마음이 고스란히 느껴졌습니다. 이 아이의 말처럼 좋아하는 마음은 감정의 변화를 통해 느낄 수 있습니다.

하지만 지성이는 그럼에도 연애가 공부에 방해가 되는 활동이기에 하면 안 된다고 말했습니다. 연애를 하면 상대방에게 관심을 쏟으며 시간을 보내니까 공부와 양립할 수 없다는 것입니다.

지금껏 많은 주제로 아이들과 이야기를 나누었지만 이토록 팽팽하게 의견이 대립되는 주제는 처음이었습니다. 다른 주제로 이야기를 나눌 때는 서로의 의견을 들으며 생각이 바뀌기도 하고 새로운 생각을 꺼내기도 했는데, 연애에 대해서만큼은 생각이 변할 여지가 없다는 점이 놀라웠지요.

사랑은 감정일까, 활동일까?

선혜와 지성이는 연애의 본질을 서로 다르게 생각하고 있습니다. 선혜는 연애를 하면 행복해진다는 감정의 변화를 중요하게 여겼습니다. 반면 지성이는 연애는 공부에 방해가 되는, 상대방에게 관심을 주는 활동이라고 했습니다.

아이들이 탐구한 연애를 사랑으로 확장하여 생각해 봅시다. 사랑은 감정일까요, 아니면 활동일까요? 이 문제에 대해서 정신분석학자이자 철학자인 에리히 프롬(Erich Fromm)이 깊이 연구했습니다. 에리히 프롬의 마지막 제자인 라이너 풍크(Rainer Funk)는 에리히 프롬이 '정확히 정곡을 찌르고 차츰 심도가 깊어지는 질문을 자주 던졌다'고 말했습니다.[59] 예를 들어 무슨 책을 읽는지, 왜 그 책을 읽었는지, 무엇이 와닿았는지 알고 싶어 했다고 말이죠. 에리히 프롬은 『사랑의 기술』이라는 책에서 사랑의 본질을 꿰뚫는 질문을 합니다.

그는 먼저 사랑은 감정이 아니라 활동이라고 선언합니다. 만약 사랑이 감정이라고 한다면 사랑을 하기 위해서 무언가를 배워야 할 필요가 없습니다. 사랑의 감정은 자연스럽게 그 사람을 보면 생겨나는 마음이니까요. 내 가슴을 콩닥콩닥 뛰게 하는 상대가 나타나기만 하면 누구나 사랑을 할 수 있습니다.

그래서 상대방에게 사랑의 감정을 불러일으킬 만한 매력적인 사람이 되어 사랑을 받는 것이 중요한 문제가 됩니다.[60] 앞서 외모 정거장에서 선혜는 친구가 좋아하는 사람에게 차였을 때 위로해 주는 방법으로 머리핀을 사주거나 화장을 해서 예쁘게 꾸며줄 거라 했었지요. 사랑은 예뻐지면 받을 수 있는 것이라고 생각하고 있었기 때문입니다.

반면 사랑이 활동이라면 잘 활동하기 위한 기술을 연마할 필요가 있습니다. 활동하는 사랑은 상대방에게 무엇을 줄 수 있을지 고민합니다. 내가 사랑하는 사람에게 무엇을 줄 수 있을까요?

지성이는 여자 친구에게 관심을 줘야 한다고 말했습니다. 프롬도 누군가를 사랑한다면 그 사람에 대해 '끊임없이 적극적 관심을 갖는다'고 했습니다.[61] 적극적으로 관심을 갖는 일는 연마하고 훈련해야 하는 태도입니다. 관심을 갖는 일은 상대방에게 정신을 집중하는 것인데, 그러기 위해서는 일차적으로 그 사람의 이야기를 경청해야 합니다.

경청에 특정한 대화 주제가 필요한 것은 아닙니다. 사소하게는 '두 사람이 다 잘 알고 있는 나무의 성장에 대해' 또는 '방금 함께 먹은 빵의 맛에 대해' 이야기를 하더라도 '바로 이 순간 하고 있는 활동이 유일하게 중요한 일'이 되고 몰두하고 있다면 충분히 관심을 기울이고 있는 것입니다. 이런 사랑을 줄 때 펼쳐지는 놀라운 변화는 그림책 『한 외로움이 다른 외로움에게』*를 통해 엿볼 수 있습니다.

쉴 새 없이 차들이 다니는 복잡한 교차로에 플로르 버스 정류장이 있습니다. 바로 앙리 할아버지가 사는 곳입니다. 앙리 할아버지는 요란한 버스 엔진 소리, 끼이익 거리는 브레이크 소리, 사람들의 발걸음 소리를 들으면서 언제나 버스 정류장 벤치에 혼자 앉아 있습니다.

바람이 몹시 불던 어느 날, 아기 코끼리가 버스 정류장에 와서 할

* 나탈리 비스 글·쥘리에뜨 라그랑주 그림, 김윤진 옮김, 책읽는곰, 2023.

아이와 함께 떠나는 열두 번의 철학 여행

아버지 곁에 털썩 앉습니다. 그러나 아무도 근심이 가득한 표정의 아기 코끼리에게 관심을 가지지 않았습니다. 오직 앙리 할아버지만 코끼리를 주의 깊게 바라보았습니다.

앙리 할아버지는 아기 코끼리의 집을 찾아주기로 했습니다. 아기 코끼리와 함께 이곳저곳을 찾아간 앙리 할아버지는 아기 코끼리의 표정과 몸짓을 세심하게 관찰하여 아기 코끼리가 서커스와 동물원을 싫어한다는 사실을 알아차렸습니다.

결국 둘은 다시 버스 정류장으로 돌아왔습니다. 비가 오면 앙리 할아버지가 빗소리를 들으며 아기 코끼리에게 책을 읽어주고, 눈이 오면 함께 눈사람을 만들고, 해가 내리쬐면 꽃향기를 맡으며 지냈습니다.

앙리 할아버지는 언제나처럼 플로르 버스 정류장에 살았지만 그의 삶은 이전과 달라졌습니다. 밤은 덜 추웠고 사람들의 깔보는 시선도 덜 느껴졌습니다. 기다림은 달콤해졌고, 할아버지를 그림자처럼 따라다니던 외로움도 사라졌습니다.

바람이 몹시 불던 어느 날, 코끼리 떼가 진동을 일으키며 플로르 버스 정류장으로 왔습니다.

아기 코끼리의 가족이 아기 코끼리를 찾으러 온 것입니다. 앙리 할아버지는 주저 없이 결심합니다. 아기 코끼리를 보내주겠다고요. 아기 코끼리가 떠나면 앙리 할아버지는 다시 외로움을 느끼겠지만

그렇더라도 아기 코끼리에게 진짜 필요한 것은 코끼리 가족이니까요. 그러나 아기 코끼리는 할아버지를 홀로 두고 떠나지 않습니다. 앙리 할아버지를 건물만큼 듬직하고 커다란 코끼리 등에 태워 함께 떠납니다.

이렇듯 상대방에게 주의 깊게 관심을 기울이고, 경청하고, 상대방이 싫어하는 행동을 하지 않으면서 우리는 진정한 사랑을 경험할 수 있습니다.

좋아하는 사람이 원하는 걸 다 들어줘야 할까?

한편 좋아하는 사람에게 관심을 기울이다 보면 속상한 일도 생기게 됩니다. 그 사람은 나와 다른 사람이기에 내 마음처럼 움직여주지 않기 때문입니다. 누군가를 좋아하면서 힘들거나 괴로웠던 경험을 물어보니 한 아이가 익명으로 이렇게 답했습니다.

> 좋아하면 그 친구가 신경 쓰인다. 다른 이성 친구랑 계속 어울릴 때 그 모습이 자꾸 눈에 보여서 힘들다.

좋아하는 친구가 있으면 계속 관심을 기울이고 관찰하게 되는데, 그럴 때 내가 아닌 다른 남사친 또는 여사친이랑 노는 모습이 눈에 확 들어옵니다. 그러면 자꾸 신경이 쓰여 마음이 힘들다고 합니다.

동화 『열 살, 사랑』*의 힘샘이 역시 이와 같은 일로 마음이 부글부글 끓으며 화나는 일이 생깁니다. 여자 친구인 해주랑 놀고 싶어서 따라간 합기도장에서 해주의 합기도 친구 박성후를 만나게 된 겁니다. 두 아이는 서로 다정하게 '해주야', '성후야' 이름을 부르며 손목 꺾기 기술을 연습하고 있었습니다.

해주가 성후를 보고 활짝 웃을 때마다 힘샘이의 심장이 쿵 떨어집니다. 힘샘이는 나쁜 기분을 혼자 삼키지 않고 해주한테 '좋아하면 다 들어주는 거'라며 성후와 놀지 말라고 합니다.

힘샘이 말처럼 좋아하는 사람의 말을 다 들어줘야 하는 걸까요? 해주는 그렇게 생각하지 않았습니다. 해주가 성후와 떡볶이를 먹고 있는데 힘샘이가 와서 또 놀지 말라고 하자 이렇게 말합니다.

"너 좋아한다고, 내가 네 말 다 들어야 해? 난 내 생각대로 해."

그러면서 힘샘이에게 이별을 고합니다. 힘샘이는 한참 동안 생각합니다. 해주가 자기 마음대로 안 되는 게 너무 이상하고 속상합

* 박효미 글·유경화 그림, 웅진주니어, 2022.

아이와 함께 떠나는 열두 번의 철학 여행

니다. 힘샘이는 해주에게 관심을 갖고 집중해서 이야기도 잘 들었는데 왜 힘샘이 마음대로 하면 안 될까요?

에리히 프롬은 그 이유를 설명합니다. 바로 사랑에는 존경이 필요하기 때문입니다. 존경은 상대방의 독특한 개성을 존중하는 것입니다. 존경을 담은 사랑은 상대방이 나를 위해서 무언가를 해주기를 바라지 않고, 그 사람이 자기 방식대로 성장하기를 응원합니다.

그러기 위해서는 상대방을 잘 알아야 합니다. 무엇을 좋아하고 싫어하는지, 어떤 마음을 느끼는지, 세상을 어떠한 관점으로 바라보는지를 알아야 합니다.

힘샘이는 해주와 어쩌다 같은 팀이 되어 숙제를 하다 첫눈을 같이 맞게 됩니다. 펑펑 내린 눈을 맞으며 운동장에서 눈싸움을 하다가 힘샘이는 해주에게 사과합니다. 그러자 해주가 힘샘이가 큰 소리를 질러서 화가 나고 싫었다며 마음을 털어놓습니다.

그제야 힘샘이는 해주의 입장에서 그 마음을 생각해 봅니다. 그 전까지는 화난 자기 마음만 생각했기 때문입니다. 이렇게 사랑은 '자기 자신에 대한 관심을 초월하여 상대방의 관점'으로 세상을 보게 합니다.

사랑이 우리를 눈멀게 한다는 말도 있지만, 사랑을 통해 다른 사람의 시선으로 세상을 바라볼 수 있는 새로운 눈이 생기기도 합니다.[62]

서로에 대해 존경하는 마음으로

아이들의 연애에서 서로 존경해야 하는 영역이 또 있습니다. 바로 성(性)적인 신체 접촉입니다. 좋아하니까 내 말을 다 들어야 한다며 신체 접촉을 요구하면 안 됩니다. 저는 이에 대해 아이들의 생각을 물었습니다. 지후가 말했습니다.

"연애는 성인의 성(性)이에요. 어린이가 연애를 하면 담배 피우는 거나 마찬가지예요. 막무가내로 연애를 하면 위험할 수도 있고 독이 될 수도 있어요."

지후는 연애에 신체 접촉이 포함된다는 사실을 잘 알고 있었고, 그렇기에 위험하다고 했습니다. 이성 친구끼리 신체를 접촉하는 것은 흡연만큼이나 위험하고 독이 된다고 생각하고 있었지요. 그렇기에 어른이 될 때까지 기다려야 한다고 말했습니다.

다른 아이들도 그렇게 생각하는지 궁금했습니다. 초등학교 고학년을 대상으로 한 연구에서[63] 초등학교 6학년 아이들에게 사귀는 사이에 가능한 신체 접촉이 무엇인지 물어보았습니다. 대부분의 아이는 손잡기까지 괜찮다고 생각했습니다. 연구에 참여한 아이들은 초등학생이 연애할 때 허용 가능한 신체 접촉에 대해 확실한 기준을 가지고 있었습니다.

아이들과 같이 사랑을 탐구하고 한참 대화를 이어갔던 수업이 끝난 뒤, 저는 사랑은 마치 가마놀이 같다는 생각을 했습니다. 가마놀이는 두 사람이 서로 마주 보고 팔을 잡아 ㅁ 자 모양의 방석을 만들어 다른 사람을 들어 올리는 전래놀이입니다.

이 놀이는 혼자서는 절대 할 수 없고, 한 사람 마음대로 할 수도 없습니다. 다른 사람을 들어 올리려면 혼자서 벌떡 일어나서는 안 됩니다. 내 팔을 잡은 친구와 언제 일어날지 눈짓을 주고받아야 합니다. 또 내가 가고 싶은 방향으로 친구를 끌고 갈 수도 없습니다. 마음이 맞지 않으면 가마가 무너져 내립니다.

사랑도 그렇습니다. 혼자만의 강렬한 감정으로만 되는 것이 아닙니다. 상대방에게 관심을 갖고 알아가고 상대방이 세상을 바라보는 방식을 존중하며, 그 모습대로 성장하기를 바라는 존경이 필요합니다.

그런 사랑은 맞잡은 팔로 무엇이든 들어 올릴 수 있습니다. 자기 자신만 생각하는 좁은 마음을 떨치고 더 넓고 깊은 눈으로 세상을 바라볼 수 있습니다.

1. 사랑 정거장에서 만나는 철학 개념

    ☑ 사랑   ☑ 감정   ☑ 존경

2. 부모를 위한 길잡이 질문

아이가 이성 친구에게 부쩍 관심을 갖는다면 수많은 걱정이 떠오른다. 사랑이 무엇인지 대화를 나누면 그 걱정이 무색하게 아이의 건강한 생각을 발견할 것이다.

    ☑   좋아하는 사람이 하고 싶다는 것을 다 들어주어야 할까?

3. 사랑 정거장에서 나누는 철학 대화

   ◆ **사랑은 무엇일까?**

사랑은 상대방에게 관심을 갖고, 정신을 집중하고, 경청하고, 존경하는 활동이야. 진짜 사랑은 자기만을 생각하는 마음에서 벗어나 상대방의 눈으로 세상을 바라보게 해.

   ◆ **사랑은 감정일까?**

사랑은 심장이 답답하고 애틋하고 요동치는 감정을 포함하지만, 감정만으로 사랑을 지속할 수 없어.

✦ 사랑에 꼭 필요한 건 뭘까?

사랑에는 존경이 필요해. 존경은 상대방의 독특한 개성을 존중하며 나를 위해서가 아니라 스스로를 위해 성장하고 발전할 수 있도록 응원하는 일이거든. 성적인 신체 접촉에도 상대방의 의사를 존중하는 존경이 필요해.

✦ 초등학생이 연애해도 될까?

내가 좋아하는 사람이 싫어하는 것을 하지 않고, 서로 성장하고 발전할 수 있도록 응원한다면 얼마든지 사랑할 수 있어.

정거장10: 젠더

"편견을 없애는 것이
가능할까?"

6학년 아이들의 담임선생님이었던 어느 해, 저는 매일 퇴근하기 전 칠판에 글쓰기 주제를 써두었습니다. 다음 날 아침, 아이들은 학교에 오자마자 칠판에 적힌 그날의 주제에 따라 공책에 짤막하게 글을 썼습니다.

'오늘 학교 오는 길에 무엇을 보았나요? 오늘 아침으로 무엇을 먹었나요? 어제 자기 전에 무엇을 했나요?'처럼 쉽게 떠올릴 수 있는 주제를 보고 아이들은 생각나는 대로 끄적끄적 글을 써나갔습니다. 공책에 적힌 흔적을 통해 아이들이 무슨 생각을 하면서 지내는지 알 수 있었습니다.

하루는 선생님에게 서운하거나 속상했던 일을 적어보라고 했습니다. 저는 그동안 아이들을 최대한 배려하고 존중하고 있었다고 생각했기에 자신 있게 내준 주제였습니다.

'체육 많이 하게 해주세요, 피구 많이 하게 해주세요'처럼 충분히 예상 가능한 내용이 많았습니다. 다행스러운 마음으로 하나씩 읽어가던 중에 지용이가 쓴 글을 읽고 가슴이 쿵 내려앉았습니다.

남녀차별을 없애주세요. 예를 들어 여자들에게는 잘못해도 착하게 말씀하시고, 남자들에게는 "야!! ~하지 않습니다"라고 소리치시는 게 싫었습니다. 저는 우리 남자애들이랑 더 친해질 수 있게 친근한 말투로 "OO야, 조용히 해줄래?"라고 하시는 게 좀 더 나은 방법인 것 같습니다.
선생님이 여성분이셔서 당연히 그럴 수 있지만, 쪼금이라도 제발 친하게 지내서 우리 반을 더 멋진 최고의 반으로 만들면 제 소원이 이루어진 것이나 다름없을 거예요♥

마지막 하트는 연필로 빈틈없이 까맣게 칠해져 있었습니다. 지용이가 쓴 글에서 눈을 뗄 수 없었습니다. 우리 반 아이가 저를 남녀차별을 하는 교사로 생각하고 있을 거라고는 상상도 못 했기 때문입니다.

저는 남자, 여자를 나누어 어느 한쪽을 더 좋아한다고 생각한 적이 없었습니다. 오히려 공평하게 대하고 있다고 생각했지요. 구체

적으로 어떠한 상황에서 차별을 받았다고 느꼈는지 반 아이들에게
물어보았습니다.

"선생님이 남녀차별을 하고 있다는 의견이 나왔는데, 그렇게 느
낀 적이 있는 사람 손 들어볼까?"

남자아이들 몇 명이 손을 들었습니다. 언제 그런 적이 있었는지
물어보니 지용이가 조심스레 입을 뗐습니다. 사건은 쉬는 시간 복
도에서 일어났습니다. 한쪽에서는 여자아이들이 큰 목소리로 수다
를 떨고 있었고, 다른 쪽 구석에서는 남자아이들이 레슬링을 하고
있었다고 합니다.

그때 제가 남자아이들을 향해 "야! 복도에서 레슬링하지 않습니
다! 조용히 합니다!"라고 날카롭게 소리치고 나서 곧바로 여자아이
들에게는 "교실에 들어가서 놀아요"라고 부드럽게 말했다는 겁니
다. 몇 초 사이에 저의 말에서 온도차를 느낀 아이는 제가 남녀차별
을 한다고 생각했습니다.

그때 일이 선명하게 기억났습니다. 저는 여자아이의 수다에 대
해서는 다정하게 대처했고, 남자아이의 몸 놀이는 목소리를 높여
혼냈습니다. 저는 아이에게 설명했습니다. 서로 부둥켜안고 밀치면
서 놀다가는 친구를 다치게 할 수 있으니, 레슬링을 하는 격한 몸짓
에 예민하게 반응한 것뿐이라고요.

하지만 제 말을 들은 아이들의 얼굴은 여전히 뾰로통했습니다.

아이들에게 차별당했는지 물어봐 놓고 변명만 한 일은 아주 위험한 행동이었습니다.

막연하고 미묘하게만 느껴졌던 차별이 공공연한 일이 되어버렸습니다. 차별로 느껴지는 불평등은 분노가 되어 상대편에게 쏟아졌습니다. 아이들은 차별을 하는 어른에게 직접 대적할 수는 없으니 또래인 여자아이, 남자아이에게 화살을 돌렸습니다. 그해 아이들은 유독 남자 대 여자로 편을 가르며 싸웠습니다.

남자아이들의 거친 놀이는 숨 쉬듯 당연한 것

교실 속 남녀 갈등에 불을 지핀 '레슬링을 하는 남자아이들을 혼낸 사건'에서 제가 두 가지 실수를 저질렀다는 것을 나중에야 깨달았습니다.

첫 번째 실수는 남자아이들이 자연스럽게 즐기는 놀이를 제가 이해하지 못한 것입니다. 레슬링이 남자아이들에게 얼마나 중요하고 자연스러운 현상인지는 영장류학자 프란스 드발(Frans de Waal)에게서 배울 수 있었습니다.

영장류는 인간과 유전적으로 96퍼센트 비슷하지만 인간 문화에 영향을 받지 않았기 때문에 영장류를 연구하는 것은 인간의 생물

학적 기원을 밝히는 데 도움이 됩니다.[64]

드발은 어린 암컷 유인원인 앰버가 빗자루에서 자루를 뺀 빗자루 머리를 품에 꼭 안고서 한 손으로 받치고 가는 모습을 발견했습니다. 엄마 침팬지가 아기 침팬지를 안고 가는 것처럼 말입니다. 앰버만 그런 것이 아닙니다. 암컷 유인원에게 인형을 주면 암컷은 인형이 마치 새끼인 것처럼 어디든지 데리고 다니며 알뜰살뜰 보살핀다고 합니다.

반면 어린 수컷 유인원은 다른 놀이를 즐깁니다. 드발은 어린 수컷 유인원들이 활짝 웃는 표정으로 '레슬링, 밀치기, 찰싹 때리기, 팔다리 물어뜯기'를 자주 한다는 것을 발견했습니다.

이때 '입을 쩍 벌리고 웃는 표정을 지으면서 목쉰 웃음소리를 내는 것'이 중요한데, 싸우기 위한 게 아니라 놀이를 위한 행동이라는 의도를 드러내기 때문입니다. 이렇게 웃으면서 싸우는 놀이를 '싸움 놀이(rough-and-tumble play)'라고 합니다. 싸움 놀이는 순전히 재미를 위해서 하는 것이지요.[65]

드발이 묘사한 어린 수컷 유인원의 노는 모습은 꼭 남자아이들이 복도에서 둥글게 모여서 밀치고 당기며 레슬링하는 모습처럼 보였습니다. 저에게는 아이들이 다칠 수도 있는 위험한 행동으로만 비춰졌으나 아이들에게는 그저 재미있는 놀이였습니다.

게다가 이 놀이는 신체와 정서 발달에 꼭 필요했습니다. 싸움 놀

아이와 함께 떠나는 열두 번의 철학 여행

이는 몸으로 하는 놀이기 때문에 심폐기능과 근력이 향상하는 데 도움이 됩니다. 또 한 아이가 일방적으로 공격을 당하는 것이 아니라 공격과 방어를 순간적으로 엎치락뒤치락 바꾸기 때문에 정서 조절에도 도움을 줍니다.[66]

남자아이와 여자아이가 가지고 노는 장난감에서도 재미있는 차이가 있습니다. 남녀평등을 강조해 왔던 스웨덴에서 3~5세 아이들의 방 152개 안에 있는 수만 개의 장난감을 조사한 결과, 성별에 따라 어린이들이 좋아하는 장난감이 달랐습니다. 여자아이들은 인형을 좋아했고, 남자아이들은 자동차와 무기를 더 좋아했습니다.[67]

저와 함께 살고 있는 두 남자아이들도 자동차를 아주 좋아합니다. 아이가 노는 방은 아주 요란합니다. 부릉부릉 배기음을 흉내 내며 자동차를 움직이고, 기다란 막대가 있으면 자기 머리 위에 호스처럼 얹어 물대포를 쏘는 소방차로 변신합니다. 혹시 몰라 인형과 인형의 집도 마련했지만 인형의 집은 세차장이 되었으며, 그나마도 차들이 돌진해 자주 박살났습니다.

남자와 여자의 차이는 확실히 존재합니다. 좋아하는 놀이와 장난감이 확연하게 차이가 나지요. 그런데 제가 그 차이를 이해하지 못한 채 소리 지르고, 밀치고, 때리는 남자아이들의 놀이를 억누르려고만 했던 것입니다.

이제야 남자아이들의 뾰로통한 표정이 이해되었습니다. 아이가 생각하기에 서로 부둥켜안고 힘을 겨루는 놀이는 수다를 떠는 것처럼 친교를 표현하는 활동이었을 것입니다.

자고로 여자는 다소곳하게 앉아야지

제가 저지른 두 번째 실수는 제 머릿속에 떡하니 자리 잡고 있는 편견을 알아차리지 못한 것입니다. 편견은 남자와 여자가 지니고 있는 실제적인 차이와 무관하게 작동하는 생각입니다. 저는 여자아이에게는 부드럽게, 남자아이에게는 거칠게 말했습니다.

왜 그랬는지 돌이켜 보니 저는 여자아이를 혼내면 한동안 아이가 삐져서 관계가 틀어질 수 있지만, 남자아이는 아무리 혼내도 돌아서면 금방 잊어버리기에 마음이 편안하다고 생각하고 있었습니다.

그 생각을 바탕으로 저는 남자아이에게 혼나더라도 금세 잊어버리라는 '단순함'을 요구한 것입니다. 하지만 지용이는 저에게 간곡히 말하고 있습니다. 혼나면 누구나 속상하고 억울하다고요.

그림책 『나는 그냥 나입니다』*도 우리 생각 속에 자리 잡은 편견을 꼬집습니다. '여자 축구선수가 제법인데?'라는 말에는 '여자라

* 윤아해 글·정인하 그림, 노란돼지, 2023.

신체적 기량이 떨어지는 줄 알았는데 그래도 잘한다'라는 뜻이 들어 있습니다. 축구공을 가지고 힘차게 달려 나가는 축구선수는 '아니요. 나는 그냥 축구선수입니다'라고 말합니다.

'직업이 남자 주부래'라는 말도 그렇습니다. 여자든 남자든 주부는 가족이 '편안하고 건강하고 행복하게' 살아갈 수 있도록 돌보는 사람을 가리킵니다.

저는 철학 동아리 아이들에게 편견으로 차별당한 경험이 있는지 물어보았습니다. 아이들은 너도나도 그동안 쌓여 있던 설움을 털어놓았습니다. 먼저 뛰어놀기 좋아하는 소연이가 말했습니다.

"점심시간에 저도 축구하고 싶은데 남자애들이 못 하게 해요! 여자가 무슨 축구를 하냐고 놀려요."

소연이는 달리기도 잘하고 맷집도 좋아서 밀쳐도 쉽게 밀리지 않는데, 여자라는 이유로 축구에 껴주지 않은 것입니다. 소연이의 말을 듣고 보니 체육 시간에 남자와 여자를 나누어서 남자아이들은 축구를 하고 여자아이들은 피구를 했던 것이 떠올랐습니다.

선혜는 2년 전, 이모 결혼식에서 있었던 일을 들려주었습니다. 할머니가 이렇게 말씀하셨다고 합니다.

"여자는 다소곳하게 앉아야지. 다리 오므리고 앉아!"

친척 오빠와 남동생들은 편하게 앉아 있어도 아무 말도 하지 않으셔서 '남자만 편한 게 아닌가?'라고 생각했다고 합니다. 지후도 말했습니다.

"2학년 때 병원 놀이를 하려고 의사와 간호사 역할을 제비뽑기로 정했어요. 저희 모둠은 3명이었고 저 혼자 남자였는데, 여자애들이 남자는 간호사를 하면 안 된다고 해서 어쩔 수 없이 의사가 되었어요."

은수가 말했습니다.

"동생하고 저하고 싸우고 똑같이 혼날 때 억울해서 제가 가끔씩 우는데, '남자가 왜 우냐?'라고 하면 섭섭해요."

이 말을 하며 은수가 섭섭한 표정을 짓는데 제가 다 속상했습니다. 성별에 상관없이 울 수 있는데 왜 유독 남자에게만 눈물을 허용치 않는 걸까요?

아이들이 말한 경험을 자세히 들어보니 몇 년 전에 있었던 일도 마치 어제 일어났던 일처럼 생생하게 기억하고 있었습니다. 차별받은 경험은 아이들 마음속에 응어리진 채 콕 박혀 있었습니다.

편견은 편한 대로 생각하는 것

이야기하는 시간 내내 울분을 토해내는 아이들에게 저는 '이렇게 하면 해결될 거야' 하는 명확한 해결책을 줄 수 없었습니다. 이

아이와 함께 떠나는 열두 번의 철학 여행

문제를 어떻게 해결할 수 있을지 도무지 알 수 없었습니다.

대신 편견이 무엇인지 아이들과 함께 탐구해 보기로 했습니다. 편견에 대해서 궁금한 점을 물어보라고 하니 선혜가 말했습니다.

"편견을 아예 없애버릴 수 있을까요?"

선혜는 편견이 우리 삶 깊숙이 자리 잡고 있다는 것을 알게 되자 편견을 삶에서 떼어놓을 수 없을 것 같다고 했습니다. 실제로 편견은 우리가 복잡한 세상에 쉽게 적응하도록 이끄는 기능이 있습니다.[68] 교실에서 만나는 많은 아이들을 남자와 여자, 딱 둘로 나누어 생각하면 모든 게 간단해집니다. 이와 같이 복잡한 현상을 비슷한 것끼리 묶어서 생각하는 행동을 '범주화'라고 합니다.

우리는 범주화에 많은 도움을 받습니다. "남자는 여자보다 힘이 세다"라고 생각한다면, 무거운 짐을 옮겨야 하는 상황에서 도움을 요청하고 싶을 때 누가 힘이 센지 일일이 따져보지 않고 남자를 부르면 됩니다.

하지만 "남자는 여자보다 힘이 세니까 여자한테 맞아도 괜찮을 거야"라는 범주화는 어떤가요? 편견을 가진 사람은 눈앞에서 여자아이에게 등짝을 맞은 남자아이가 아파하고 있어도 '남자는 여자보다 힘이 세니까 장난으로 받아들일 수 있다'라고 생각합니다. 맞으면 누구나 아프다는 가능성을 염두에 두지 않습니다.

이처럼 편견은 자신의 생각이 어느 한쪽에 치우칠 수도 있다는 사실을 배제합니다. 편견이 무엇이라고 생각하는지 물어보자 은수가 대답했습니다.

"편견은 편한 대로 생각하는 거예요."

편견은 세상을 바라볼 때 편한 대로 범주를 만들어서 복잡한 세상을 몇 개의 묶음으로 간단하게 파악해 버리는 태도입니다. 범주에 속하지 않는 또 다른 가능성이 있을 거라고 생각하지 않은 채 말입니다.

아이들과 함께 편견이 무엇인지 확인하고 나니 드디어 편견을 깰 수 있는 실마리를 찾을 수 있게 되었습니다. 편견이 편한 대로 생각하는 것이라면, 편견을 깨기 위해서는 '불편하게' 생각해야 합니다.

편견과 싸울 무기, 리좀

편견을 깨기 위해서 저는 리좀(Rhizome)을 들고 싸우기로 했습니다. 리좀은 식물 뿌리의 한 종류이자 철학자 질 들뢰즈(Gilles Deleuze)와 펠릭스 가타리(Félix Guattari)가 『천 개의 고원』에서 밝힌 철학 개념입니다.[69]

『천 개의 고원』은 제가 지금까지 읽은 철학책 중에서 가장 두껍

아이와 함께 떠나는 열두 번의 철학 여행

고 이해하기 어려운 책이었습니다. 그럼에도 리좀이 서로 편을 갈라 싸우는 편협한 사고를 깰 수 있는 개념이라는 생각에 꼭 이해하고 싶었습니다.

들뢰즈와 가타리는 식물의 땅속줄기인 리좀에서 이 개념을 따왔습니다. 리좀은 나무의 뿌리와 다른 형태의 뿌리입니다. 나무는 땅을 수직으로 뚫고 내려간 뿌리에서 곁뿌리가 나옵니다. 이와 다르게 리좀은 땅을 수평으로 따라가는 줄기의 어느 부분에서든 뿌리가 뻗어 나옵니다. 땅속줄기는 어디가 시작점인지 알 수 없을 정도로 서로 얽히고설켜 있습니다. 마가 대표적인 땅속줄기 식물이지요.[70]

들뢰즈와 가타리는 우리의 사유가 바로 이 땅속줄기와 비슷하다고 말합니다. 인간의 뇌는 외부에서 받은 자극을 스스로 만든 지도에 따라 배치하며 정보를 만들어내는데, 뇌의 신경세포인 시냅스의 모양이 땅속줄기와도 비슷하다고 합니다.[71]

리좀처럼 영토를 벗어나서 생각해 보면 어떨까요? 남자와 여자의 영역으로 나눠진 영토를 나가는 겁니다. 교실에서는 자주 아이들을 남자와 여자로 나누어 파악합니다. 특히 줄을 설 때 그렇습니다.

보통 체육 수업을 할 때나 교실에서 과학실, 영어실 같은 특별실로 이동할 때 줄을 섭니다. 짧은 시간에 효율적으로 움직이기 위해 아이들을 '남자 한 줄, 여자 한 줄'로 세우는 겁니다.

1학년 때부터 이렇게 규칙을 지켜온 아이들은 자연스럽게 자기 성별에 맞추어 줄을 섭니다. 키 순서대로 남자와 여자로 나뉘어 줄 맞춰 걸어가는 아이들을 보면 참 질서정연해 보입니다.

하지만 왜 줄을 남자와 여자로 나누어 서야 하는 걸까요? 질서를 지키며 걸어가는 것은 성별과 상관이 없는 일입니다. 그래서 저는 '남자 한 줄, 여자 한 줄' 대신에 '키 번호 합체'라는 규칙을 만들었습니다. 남자와 여자로 나누지 않고 모든 아이를 합쳐서 키 순서대로 두 줄로 만들어 섰습니다. 리좀처럼 영토를 벗어나 본 것입니다.

이 방법은 주로 체육 시간에 사용했습니다. 키 순서를 정한 이유

아이와 함께 떠나는 열두 번의 철학 여행

는, 키가 작은 아이가 뒤로 가면 선생님의 설명도 들리지 않고 앞도 잘 보이지 않기 때문입니다.

다른 교실로 이동해야 할 때는 왼손 검지 한 개, 오른손 검지 한 개를 들어 올렸습니다. 이 신호는 '선착순 두 줄'을 의미합니다. 이 신호에 맞추어 아이들은 성별과 상관없이 두 줄로 서서 찬찬히 걸어갑니다.

간혹 교실에서 무거운 물건을 들어야 할 일이 생길 때가 있습니다. 새 교과서, 미술 준비물, 체육 교구들을 옮겨야 하죠. 그럴 때 영토에 벗어나지 않는다면 무심코 이렇게 말하게 됩니다.

"남학생 5명이 선생님 좀 도와주세요."

그러나 리좀처럼 생각하면 남자만 무거운 물건을 들 수 있는 것이 아닙니다. 여자도 충분히 무거운 물건을 들 수 있습니다. 이때 저는 이렇게 말합니다.

"'나는 힘이 세다'고 생각하는 어린이, 선생님 도와주세요!"

그러면 남자아이, 여자아이 할 것 없이 아이들이 "저 무지 힘세요!" 하며 달려 나옵니다.

"와, 너희들 진짜 힘세다! 선생님 도와줘서 정말 고마워!"

두 주먹을 불끈 쥐며 아이들에게 힘을 불어넣어 주면 아이들이 활짝 웃습니다. 아이들의 미소가 어찌나 멋진지 편한 대로, 하던 대로 생각하지 않고 불편하게 생각하길 잘했다는 마음이 듭니다.

영토를 벗어나 지도를 만들자

들뢰즈와 가타리에게 리좀처럼 사고하는 법을 하나 더 배워보겠습니다. 이들은 서양란과 말벌의 비유를 들었습니다. 서양란은 말벌의 모양을 꼭 닮아 있습니다. 그래서 말벌은 서양란을 보고 짝짓기를 하려 달려듭니다. 그러는 사이 서양란의 꽃가루가 말벌에게 붙어 다른 서양란에 옮겨갑니다.[72]

서양란은 자신의 모습을 바꾸어 말벌이 된 것이고, 말벌이 서양란의 꽃가루를 옮기는 동안 말벌은 서양란이 된 것입니다. 들뢰즈와 가타리는 이를 되기(becoming)라고 부릅니다.

저도 되기를 해볼 수 있습니다. 남자와 여자가 같아야만 똑같은 대우를 받을 수 있는 것은 아닙니다. 서로 다른 점을 이해할 때 오히려 다른 부분을 존중할 수 있었습니다.

남자아이의 입장에서 생각하면 저는 잠시 남자아이-되기를 할 수 있습니다. 남자아이들이 레슬링을 하며 노는 모습을 위험한 행동이라고 단정 짓지 않고 신체 단련과 정서 함양을 하고 있다고 생각하는 겁니다. 그러면 남자아이들이 놀 때 무조건 '하지 마!'라고 소리치지 않을 수 있습니다.

대신 밀치고 노는 상대방의 표정이 안 좋은 경우 그 행동은 더 이상 장난이 아니므로 즉시 놀이를 멈춰야 한다는 한계선을 정해

아이와 함께 떠나는 열두 번의 철학 여행

둘 수 있습니다.

남자아이-되기의 범위를 더 좁혀서 지용-되기를 할 수도 있습니다. 아이들을 남자, 여자로 파악하지 않고 개별적인 존재로 파악하는 것입니다. 모든 남자아이들이 다 몸 놀이나 싸움 놀이를 좋아하는 것은 아닙니다. 자동차 놀이는 좋아하는 제 아이도 몸으로 부딪치며 노는 놀이는 싫어합니다. 그러니 '지용이는 남자아이라서 싸움 놀이를 좋아한다'라는 생각에는 오류가 있습니다.

지용이는 남자라서 싸움 놀이를 좋아하는 게 아닙니다. 남자아이들이 싸움 놀이를 좋아하는 경향은 있어도 모두 다 그런 것이 아니니까요. 제가 지용-되기를 한다면 '지용이가 좋아서 싸움 놀이를 하고 있다'라고 생각하는 것이 옳습니다.

또한 거울 앞에서 춤을 추고 있는 이슬이를 보고 이슬-되기를 해볼 수 있습니다. '이슬이는 여자라서 거울 앞에서 춤을 추는 게 아니라 이슬이가 좋아해서 춤을 춘다.'

이슬이를 춤을 좋아하는 개별적인 존재로 생각할 때 비로소 춤을 추는 이슬이를 이해할 수 있습니다.

저는 지용이 덕분에 저에게 뿌리 깊이 박혀 있는 편견을 발견할 수 있었습니다. 또한 편견을 날려버리기 위해서 들뢰즈와 가타리가 알려준 리좀 개념을 사용할 수 있었습니다. 제 상황에 맞게 변용하여 해석했기에 들뢰즈와 가타리가 원래 말하려는 의미에서 벗어났을 수도 있지만 들뢰즈와 가타리가 이해해 주리라 생각합니다. 우리에게 영토를 벗어나라고 했으니까요.

리좀은 지금도 영토를 벗어나 힘차게 뿌리내리고 있습니다. 리좀처럼 사고하면 아이들을 남자, 여자의 틀에 가두어서 바라보지 않고 이 세상에 단 하나뿐인 아이로 바라볼 수 있습니다. 그런 믿음을 먹고 자란 아이는 자신이 내린 뿌리의 힘을 믿고 튼실한 잎을 펼쳐내며 무한히 자신의 영토를 확장해 나갈 겁니다.

1. 젠더 정거장에서 만나는 개념

☑ 편견　☑ 리좀처럼 생각하기　☑ 되기

2. 부모를 위한 길잡이 질문

아이가 "남자니까, 또는 여자니까 이렇게 해야 해"라는 말을 한다면 젠더에 대해서 이야기를 나눌 때다. 편견이 무엇인지 생각하다 보면 어느 새 나와 아이의 마음 깊은 곳에 자리한 젠더에 대한 편견을 발견할 수 있다.

☑ '남자니까, 또는 여자니까 이렇게 해야 해'라는 말을 들은 적이 있었어? 그때 어떤 기분이 들었어?

3. 젠더 정거장에서 나누는 철학 대화

✦ 편견은 무엇일까?

편견은 편한 대로 생각하는 거야. 사람을 남자와 여자, 둘로 나누는 것처럼 범주화 사고를 바탕으로 해. 복잡한 현상을 비슷한 것끼리 묶어서 생각할 때 세상을 이해하기 더 쉽지만 구체적이고 개별적인 차이는 무시하게 되지.

♦ 편견을 없애는 것이 가능할까?

리좀처럼 생각하면 돼. 리좀은 땅속에서 수평으로 얽히고설킨 채 뻗어가며 뿌리를 내리는 땅속줄기야. 리좀처럼 생각하는 것은 범주화처럼 구획을 나누어 생각하지 않고, 탈영토화하여 생각하는 방식이야.

♦ 또 다른 방법은 없을까?

나와 다른 사람의 입장에서 생각해 보고 이해하려는 '되기'를 통해 편견에서 벗어날 수 있어.

4장

생각의
깊이를 더하고
성숙한
내면을 이끌기

정거장11: 행복

"평생 행복할 수 있는
기계에 들어갈 수 있다면?"

6학년 5반 회장 선거에는 재밌는 공약이 많았습니다. 그중에서 혜인이의 공약은 점심시간에 아이들이 신청곡을 들을 수 있게 하겠다는 것이었습니다. 아이들의 호응을 얻어 혜인이는 회장으로 뽑혔고 얼마 후 종이 상자에 예쁘게 색종이를 붙여서 가지고 왔습니다. 신청곡을 쪽지에 써서 넣어둘 수 있는 상자였습니다. 우리는 상자에 쌓인 쪽지 중에서 하나를 뽑아 점심시간에 함께 음악을 들었습니다.

그날도 음악을 들으며 교실을 청소하고 있는데 어느 노래의 가사가 제 귀에 확 꽂혔습니다.

"행복이란 무엇일까."

저는 귀를 기울였습니다.

"그것은 어디에도 없으며 동시에 어디에나 있구나."

강렬한 비트 위에서 심오한 가사가 춤추고 있었습니다. 지환이가 추천한 〈바코드〉라는 노래의 가사였습니다. 지환이에게 추천해준 음악이 너무 좋다고 하니 지환이도 매일 반복해서 듣고 있다고 했습니다.

이 가사를 아이들은 어떻게 이해하고 있을지 궁금했습니다. 행복은 어디에도 없지만 동시에 어디에나 있다는 건 무슨 뜻일까요? 행복이란 과연 무엇일까요?

제가 질문하자 은수가 기다렸다는 듯이 답했습니다.

"행복은 찾아오는 게 아니라 발견하는 거예요."

은수는 행복의 핵심을 꿰뚫어 보고 있었습니다. 은수 말처럼 가만히 기다린다면 행복을 찾을 수 없습니다.

행복이 바로 우리 앞에 있더라도 눈을 감고, 귀를 닫으면 행복은 없는 것이나 마찬가지입니다. 행복을 발견하기 위해서는 두 눈을 크게 뜨고 귀를 활짝 열어야 합니다. 아이들과 저는 행복을 발견하기 위해 귀를 열어보기로 했습니다.

행복할 때 무슨 소리가 들릴까?

"행복할 때 어떤 소리가 들려? 행복할 때 들리는 소리를 붙잡아보자!"

홍준이가 붙잡은 행복의 소리는 '호로록'입니다. 라면 먹을 때 나는 소리지요. 평소에 라면을 자주 먹지는 못하지만 TV에서 다른 사람이 먹는 호로록 소리만 들어도 기분이 좋아진다고 합니다. 특히나 코끝이 빨갛게 시릴 정도로 추운 겨울, 집에서 라면을 끓여 먹을 때 나는 호로록 소리는 추위를 달래준다고 했습니다.

오들오들 떨리는 몸을 이끌고 포근한 집에 돌아온 겨울날, 라면을 보글보글 끓여 뜨거운 면발을 호호 불어서 입 안으로 면발의 탱글함이 밀려들어 올 때 나는 소리, 호로록! 얼굴 가득 행복함이 퍼지는 홍준이가 눈앞에 그려졌습니다.

은수는 '조잘조잘'이라는 소리를 붙잡았습니다. 친구와 이야기하는 모습을 표현한 소리입니다. 연준이도 친구랑 말할 때 나는 '오!'라는 소리를 찾았습니다. 연준이는 이야기를 할 때 친구가 "오! 정말? 대박!" 이렇게 반응해 주면 행복하다고 합니다. 조잘조잘 이야기할 때 친구가 눈을 크게 뜨고 고개를 끄덕이며 반응해 주면 더 신이 나서 말하게 되지요.

아이들이 붙잡은 행복의 소리는 '먹을 때'와 '대화할 때' 들리는

아이와 함께 떠나는 열두 번의 철학 여행

소리였습니다. 이는 심리학자인 서은국 교수가 발견한 행복과도 일치합니다.[73] 서은국 교수는 우리의 뇌가 가장 흥분하며 즐거워하고 기뻐하는 순간은 음식을 먹을 때와 대화할 때라고 합니다.

한국의 대학생, 직장인, 주부, 노인 등 다양한 사람에게 하루 동안 제일 즐거운 시간을 조사한 연구에서도 먹을 때와 대화할 때라는 답이 가장 많았습니다.

서은국 교수는 이 실험 결과를 바탕으로 인간은 '행복하기 위해 사는 것이 아니라 살아남기 위해 행복감을 느끼도록 설계된 것'이라고 주장합니다. 우리의 뇌는 생존 가능성을 높이는 행동에 행복을 느끼도록 설계되어 있다는 것이지요. 음식은 몸의 배고픔을 해소해 주고 대화는 정서적인 배고픔을 해소해 줍니다. 우리는 잘 먹고 타인과 교류해야 살아남을 수 있습니다.

그러나 철학자 아리스토텔레스는 즐겁고 기쁜 일만 해서는 행복할 수 없다고 말합니다. 아리스토텔레스는 기원전 384년 마케도니아의 궁정 의사 니코마코스의 아들로 태어났습니다. 그리스 아테네의 아카데메이아에서 20년 동안이나 플라톤에게 가르침을 받을 정도로 공부도 무척 좋아했습니다.[74]

아리스토텔레스는 '우리는 어떻게 살아야 하는가?'라는 질문에 '행복하게 살아야 한다'고 답합니다. 아리스토텔레스가 말하는 행복은 에우다이모니아(eudaimonia)입니다. 에우다이모니아는 선한

(eu) 내면의 정신(daimon)과 조화를 이루는 행복입니다.

아리스토텔레스에게 즐거움이 곧 행복은 아닙니다.[75] 맛있는 음식을 먹고 친구들과 노는 일은 분명 즐겁지만, 이것만으로는 행복할 수 없습니다. 그럼 에우다이모니아를 이루기 위해서는 무엇이 필요한 걸까요?

에우다이모니아는 인간이 지닌 고유한 덕성을 실천할 때 이룰 수 있습니다. 덕성은 용기, 정의, 절제처럼 인간이라면 지니고 있는 성품입니다. 예를 들어 별명으로 놀림 받는 친구가 있을 때, 놀리지 말라고 이야기하는 일은 용기를 실천하는 일입니다.

"놀리지 마. 얘가 기분 나빠 하잖아."

이 말을 할 때 즐겁고 기쁜 감정을 느끼진 않을 겁니다. 놀리는 친구에게 화가 나기도 하고, 서로 싸우게 될까 봐 두려울 수도 있지요. 그러나 나중에 이 일을 되돌아볼 때 스스로 자랑스러운 마음이 들 수 있습니다. 아리스토텔레스는 이렇게 덕성을 실천하는 것이 즐거운 일이라고 합니다.

순간적으로 느끼는 기쁨 외에 또 다른 차원의 행복인 에우다이모니아*에 대해 생각해 볼 수 있는 '경험 기계'가 있습니다. 바로 철학자 로버트 노직이 제안한 사고실험입니다.[76]

---

* 에우다이모니아에 한 단계가 더 있습니다. 지적 탐구를 의미하는 관조입니다.

아이와 함께 떠나는 열두 번의 철학 여행

삐빅, 경험 기계에 들어가시겠습니까?

만약 평생토록 행복을 맛볼 수 있는 경험 기계가 있다면, 여러분은 이 기계에 들어가고 싶으신가요? 경험 기계에 들어가면 내가 원하는 모든 행복을 경험할 수 있습니다.

마음만 먹으면 세계 최고의 라면을 언제든 호로록 먹을 수도 있고, "오!"라고 맞장구쳐 주는 친구들에게 둘러싸여 조잘조잘 이야기를 나눌 수도 있습니다. 또한 내가 원하는 모든 꿈을 이룰 수도 있습니다. 세계평화에 기여하거나 누군가를 사랑하고 사랑받는 경험을 할 수도 있지요.

저는 아이들에게 경험 기계에 들어가서 어떤 일을 하고 싶은지 질문했습니다.

"우리가 바라는 모든 것을 할 수 있는 경험 기계가 존재한다면 기계 안에서 무엇을 하고 싶어?"

지성이가 대답했습니다.

"마카롱의 고향인 프랑스에 가서 제가 좋아하는 마카롱을 잔뜩 먹고 싶어요."

지성이의 동생 지후도 답했습니다.

"엄청 큰 유리로 된 집에서 동물을 엄청 많이 길러요. 끝도 없이 펼쳐지는 유리 집 주변에는 나무들이 **빽빽**하고, 뒤편으로는 바다가 쭉 펼쳐져 있는 그런 곳에서요."

각자 원하는 세계에 대해 신나게 말하고 있을 때 은수가 고개를 갸우뚱하며 말했습니다.

"그런데 선생님, 보통 이야기는 행복하게만 끝나지 않아요. 행복하기만 한 이야기의 끝에는 '페널티'가 있을 거 같아요."

"어떻게 알았어? 맞아. 경험 기계에 들어가면 내가 원래 있던 실제 현실을 완전히 잊게 돼. 내가 경험 기계 안에 있다는 것 자체를 잊는 거야. 몸은 기계에 들어가 있는 상태고, 뇌를 기계에 연결해서 평생토록 행복한 경험만 할 수 있어."

은수가 이야기를 듣더니 어깨를 움츠리며 말했어요.

"으, 무서워요."

선혜가 질문했습니다.

"일단 먼저 궁금한 게 있어요. 엄마, 아빠를 잊어버리나요?"

"경험 기계 속 상상으로는 함께 있을 수 있지만 실제 엄마, 아빠와는 그 경험을 공유할 수 없어. 나 혼자 경험하는 행복이니까."

평생 행복한 경험을 할 수 있지만, 몸은 기계에 있고 뇌만 경험토록 하는 경험 기계. 경험 기계에 들어가고 싶냐는 제 질문에 아이들은 절레절레 고개를 저었습니다. 지후가 말했습니다.

"경험 기계에 들어가고 싶은 사람은 분명 좌절한 사람일 거예요. 현실에 만족하지 못해 아예 잊어버리고 싶은 사람이요. 하지만 이

제 막 인생을 시작한 아이들이라면 스스로 노력해서 꿈을 이루는 것이 더 좋아요."

"노력하는 건 힘든 일이잖아. 경험 기계에 들어간다면 노력을 안 해도 꿈이 이루어지는데 왜 구태여 노력을 해야 해?"

제 물음에 선혜가 대답했습니다.

"노력을 해야 배움이 있어요."

지후가 덧붙였습니다.

"사람이 일을 안 하고 살 수 없어요. 왕이 빨리 죽는 이유가 뭔지 아세요? 신하들한테 일을 다 시키고, 그저 주는 대로 맛있는 것만 먹고 그러니까 일찍 죽는 거예요. 사람은 일을 하고 그것을 이루어 낸 기쁨으로 살아요. 중요한 일을 다 하고 느끼는 쾌감이 있잖아요. 그래서 노력해서 꿈을 이루는 게 더 좋아요."

여기서 지후가 말하는 왕은 다른 사람에게 모든 일을 일임하는 사람을 일컫습니다. 그런 사람은 제대로 된 삶을 살 수 없습니다. 힘든 일을 극복했을 때 느끼는 뿌듯함은 다른 어떤 것으로도 대체할 수 없으니까요.

힘든 일을 정면으로 마주하고, 스스로 그 짐을 짊어지는 선택을 할 때만이 지후가 말하는 뿌듯함을 느낄 수 있습니다. 지성이는 이렇게 말했습니다.

"쾌감만 느끼면서 살면 내가 왜 이 세계에 왔는지, 내가 정말 하고 싶은 게 뭔지, 내가 왜 여기에 존재하는지 생각할 필요가 없을 것 같아요."

맞습니다. 경험 기계에서 잘 짜인 가짜 행복을 느끼며 살면 삶의 목적이 무엇인지 고민할 필요가 없습니다. 목적을 찾아야 한다는 지성이의 말에 알베르 카뮈(Albert Camus)의 『시지프 신화』가 떠올랐습니다.

돌을 밀어 올리는 것은 나의 선택이다

카뮈는 프랑스의 작가이자 철학가입니다. 1913년 프랑스의 식민지였던 알제리에서 태어난 그는 아버지가 제1차 세계대전에 전사하여 청각장애인이자 청소부로 일하는 어머니 밑에서 컸습니다.

카뮈는 공립학교에 다닐 때 그의 재능을 알아본 선생님의 도움으로 장학금을 받아 공부할 수 있었습니다. 『이방인』, 『페스트』, 『시지프 신화』 등 저명한 작품을 써냈으며 43세의 젊은 나이로 노벨문학상을 수상하기도 했습니다. 수상식 연설에서 자신이 공부할 수 있도록 도와준 선생님에게 영광을 돌린 그는 그로부터 3년 뒤, 자동차 사고로 안타깝게 세상을 떠납니다.

카뮈는 『시지프 신화』에서 행복한 삶에 대한 새로운 관점을 제

시합니다. 시지프는 잘못을 한 대가로 신들에게 형벌을 받습니다.*

'하늘 없는 공간과 깊이 없는 시간'인 지옥에서 거대한 바위를 산기슭을 거슬러 꼭대기로 올리면, 다시 돌이 바닥으로 굴러떨어집니다. 시지프는 재차 내려가 꼭대기로 돌을 옮겨야 합니다. 시지프는 이미 저승에 있으니 죽을 수도 없습니다. 영원토록 돌을 밀어 올려야 합니다. 지옥의 형벌을 받은 시지프를 두고 카뮈는 말합니다.[77]

"행복한 시지프를 상상하지 않을 수 없다."

도대체 카뮈는 왜 시지프가 행복하다고 말하는 걸까요? 카뮈는 시지프가 굴러떨어진 돌을 향해 절벽 아래로 다시 내려가는 순간에 집중합니다. 또다시 돌을 밀어 올려야 하니 고통스러운 길이겠지만, 어떤 날은 즐거울 수도 있다고 말합니다. 시지프가 스스로 다시 돌을 밀어 올리는 선택을 했으니까요.

그는 신들에게 제발 이 형벌을 면하게 해달라고, 시키는 것은 무엇이든 하겠다고 굴복하지 않았습니다. 비록 돌을 밀어 올리는 순간에는 고통으로 얼굴이 일그러지고 근육은 팽팽하게 긴장되지만, 자신의 선택으로 신들에게 받은 형벌을 기꺼이 해냈기에 시지프는

---

* 어떤 잘못인지는 다양한 버전의 이야기가 있습니다. 신들의 비밀을 발설한 죄, 죽음의 신 타나토스를 잡아둔 죄, 죽은 뒤 다시 지상에 올라갈 수 있는 기회를 얻었지만 지옥으로 돌아가야 한다는 약속을 어긴 죄 등입니다. 카뮈는 이를 '신에 대한 경멸, 죽음에 대한 증오, 삶에 대한 열정'이라고 해석합니다.

삶의 주인이 되었습니다. 굴려야 하는 바로 그 바위가 시지프에게 목적을 부여합니다. 우리도 우리에게 찾아오는 의무를 기꺼이 수행해 낼 때 삶의 목적을 찾을 수 있습니다.

물론 삶의 목적을 찾기 위해 꼭 무거운 돌을 옮겨야 할 필요는 없습니다. 선혜는 작은 손으로 즐거이 의무를 완수한 경험을 들려주었습니다.

며칠 전 선혜의 엄마가 봄을 맞이해 작두콩, 구기자, 민들레를 말리고 덖어서 차를 만드셨답니다. 차를 보관할 작은 유리병을 열 개 넘게 샀는데, 선혜가 그 병을 닦았다고 했습니다. 엄마가 시킨 게 아니라 선혜 스스로 의무를 부여했다고 합니다.

손으로 무언가를 하는 일 자체를 좋아해서 즐겁게 완수했고 무엇보다 엄마가 기뻐하는 모습을 보는 게 제일 좋았다고요. 말을 마치며 선혜가 빙긋 웃었습니다.

선혜에게 행복은 엄마를 도와주는 것입니다. 선혜는 경험 기계의 치명적인 단점은 행복을 혼자서만 누려야 한다는 것이라고 짚었습니다.

"돈이 산더미처럼 쌓여 있다고 해도 신발, 옷 등 나만을 위한 것만 끝도 없이 사고 나면, 그러고 나서는 뭘 할까요? 자신만을 위한 일을 하는 경험보다 다른 사람이 나에게 고마워하는 경험이 더 소중해요."

아이와 함께 떠나는 열두 번의 철학 여행

선혜는 혼자서만 행복을 누리는 것보다 다른 사람이 나로 인해 행복해하는 모습을 보는 게 더 뿌듯하다고 했습니다. 경험 기계에서는 힘든 일을 극복하려는 끈기, 삶의 목적을 탐구하려는 호기심, 타인을 위해 시간을 나누는 친절을 실천할 수 없습니다.

우리 안에 있는 긍정적 성품

끈기와 호기심, 친절은 아리스토텔레스가 말한 덕성입니다. 아리스토텔레스는 용기·관용·자존·친밀·재치·정의·절제·희망·온유·정직·양심·고결의 12가지 덕성을 제시했습니다.[78] 하나같이 우리 삶에 꼭 필요하고 중요한 요소입니다. 아리스토텔레스는 우리에게 태어난 순간부터 덕성이 이미 내재되어 있다고 합니다.

저의 둘째 아이를 보면 태어난 순간부터 가지고 있는 덕성 중 '호기심' 만한 것이 없다는 생각이 듭니다. 아이는 앉을 수 있게 되자마자 조그마한 손을 열심히 오므렸다 폈다 하면서 뭐든지 잡아 그 물건의 촉감과 맛을 확인하고 싶어 했습니다.

손이 작아도 얼마나 힘이 센지 제 머리카락이라도 잡으면 그대로 뽑히는 것 같았습니다. 잠시 눕혀놓으면 보이는 건 천장밖에 없다고 얼마나 화를 내던지요. 앙앙 울면서 이렇게 말하는 것 같았습니다.

"세상에 재밌는 게 얼마나 많은데 왜 눕혀만 놔!"

호기심뿐만 아니라 우리는 이미 다른 덕성들도 품고 있습니다. 마치 스마트폰을 사면 이미 설치되어 있는 기본 애플리케이션처럼 말이지요. 기본 앱만 사용해도 전화, 문자, 인터넷 검색, 다른 앱 설치 등 많은 일들을 할 수 있습니다. 하지만 사용하지 않으면 말짱 도루묵입니다.

마찬가지로 덕성도 꾸준히 알맞은 양으로 실천해야 합니다. 올바른 행동을 해야 올바른 사람이 되고, 절제 있는 행동을 해야 절제하는 사람이 되며, 용감한 행동을 해야 용감한 사람이 됩니다. 즉 덕이 있는 행동을 습관 삼아 갈고닦아야 하는 것입니다.

덕성을 습관화하려고 할 때 긍정심리학의 도움을 받을 수 있습니다. 아리스토텔레스의 덕성 이론을 바탕으로 한 긍정심리학은 역사적으로 전 세계의 다양한 문화에서 중요하게 여겨진 가치를 조사해 6개의 덕목과 24개의 성격 강점으로 제시하였습니다.[79]

다음 표[80]에 나온 항목 중 유독 마음에 와닿는 강점이 있으신가요? 우리가 24가지의 성격 강점을 동시에 실천하기는 어렵습니다. 이 중에서 나의 대표 강점을 찾아서 실천하는 것이 행복에 이르는 길입니다.* 나의 강점을 찾는 것은 내가 집중적으로 실천할 가치를

* 이 사이트에서 무료로 성격 강점 검사를 할 수 있습니다.

아이와 함께 떠나는 열두 번의 철학 여행

덕목	성격 강점	설명
지성	창의성	독창적으로 생각하고 행동하는 특성.
	학구열	새로운 기술과 지식을 배우려는 갈망을 느끼고, 배우면서 기쁨을 느끼는 성향.
	호기심	경험과 현상에 재미를 느껴 조사하고 발견하려는 태도.
	지혜	전체적인 관점에서 생각해 다른 사람에게 조언해 주는 능력.
	개방성	자신의 생각과 다른 증거를 적극적으로 탐색하며 새로운 증거가 나타나면 스스로의 신념을 수정하는 태도.
인애	사랑	타인의 친밀한 관계를 소중하게 여기고 이를 실천하는 능력.
	정서 지능	타인의 정서를 파악하고 다양한 상황에서 어떻게 행동하는 것이 적절한지 아는 능력.
	친절성	타인을 위해서 선한 행동을 하려는 동기와 보살피는 행동.
용기	용감성	위협, 도전, 고통으로부터 위축되지 않고 극복하려는 노력.
	끈기	난관에도 불구하고 시작한 일을 마무리하며 그 과정에서 기쁨을 느끼는 태도.
	진실성	자신을 거짓 없이 드러내고 그로 인한 결과를 책임지는 자세.
	활력	열정적으로 자신이 하는 일에 흥미를 느끼며 사는 것.
절제	겸손	자신의 성취에 대해서 과장된 허세를 부리지 않는 태도.
	신중성	조심스럽게 선택하여 불필요한 위험에 처하지 않는 자세.
	용서	잘못한 사람을 용서하고 다시 기회를 주며 앙심을 품지 않는 것.
	자기 조절	자신의 감정, 욕구, 행동을 적절하게 조절하고 통제하는 능력.

정의	시민의식	집단의 이익을 위해서 자신의 역할과 의무를 다하려는 책임 의식.
	공정성	감정이나 편견에 치우침 없이 모든 사람을 동등하게 대하는 태도.
	리더십	구성원의 사기를 북돋아 각자의 일을 해내도록 지휘하는 능력.
초월	감사	다른 사람이 베풀어준 배려에 고마움을 느껴 보답하려는 성향.
	낙관성	미래에 대해 희망을 가지고 목표 달성을 위해 노력하는 태도.
	심미안	아름다움과 탁월함에 대한 인식 능력.
	유머 감각	웃고 장난치는 것을 좋아하며 다른 사람을 웃게 만드는 능력.
	영성	인생의 궁극적 목적, 영원한 것, 의미를 추구하는 태도.

긍정심리학에서 말하는 덕목과 성격 강점

찾는다는 의미가 있습니다.

저의 대표 강점은 '사랑'이 나왔습니다. 저는 언제나 사랑을 궁금해하고, 사랑하는 삶을 살고 싶습니다. 사람과 사람 사이의 관계를 애지중지 여긴다는 점을 이 검사를 통해서 다시 깨달을 수 있었습니다. 그리고 어떻게 하면 사랑을 실천할 수 있을지 고민하는 계기가 되었지요.

전기가오리가 찍은 사진
· ·

행복은 우리에게 찾아오는 것이 아니라 발견하는 것이라는 은수의 말에서 행복을 향한 여행을 시작했습니다. '아이들이 행복이 무엇인지 알까?' 하는 의심으로 던진 질문이었지만 아이들은 이미 행복을 경험하고 실천하고 있었습니다.

"행복과 기쁨은 무엇이 다를까?"

저는 마지막으로 물어보았습니다. 성은이가 대답했습니다.

"기쁨은 그때 딱 기쁜 거고, 행복은 기억할 수 있는 거예요."

아이는 순간적이고 감각적인 기쁨과 다른, 오래도록 느낄 수 있는 행복을 한 문장으로 정리했습니다. 아리스토텔레스는 기원전 그리스에만 있는 것이 아니었습니다. 우리 교실에 존재하고 있었습니다. 이 말을 들은 다른 아이가 이렇게 덧붙였습니다.

"기쁨은 그때 딱 기쁜 사진을 찍는 거고, 행복은 그 사진을 미래에 보는 것이에요."

기쁜 순간을 사진으로 기록하는 것. 그리고 그 순간을 미래에 되돌아봐도 여전히 뿌듯하고 자랑스럽고 기분 좋은 것. 이 말을 들은 순간 저는 전기가오리를 만나 온몸에 찌릿찌릿 전기가 흐르는 것 같았습니다.

전기가오리에 마비된 기분은 저만 느낀 것 같지 않았습니다. 수업이 끝나자 성은이가 저에게 와서는, 아주 맑고 개운한 얼굴로 눈빛을 반짝이면서 말했습니다.

"선생님, 너무 재밌었어요. 제가 기다린 수업이 바로 이런 거였어요."

성은이의 눈을 오래 바라보았습니다. 이 순간을, 성은이의 신난 목소리와 기쁨이 가득 찬 눈동자를 저는 사진으로 잘 찍어두었습니다. 그 사진을 미래의 어느 순간에 되돌아봐도 행복할 것이라 직감했으니까요.

1. 행복 정거장에서 만나는 철학 개념

☑ 행복   ☑ 에우다이모니아   ☑ 성격강점

2. 부모를 위한 길잡이 질문

아이가 행복해지고 싶다고 할 때 행복이란 무엇이라고 생각하는지 물어보자. 아마 아이는 이미 행복이 무엇인지 자신만의 정의를 내리고 있을 것이다.

☑ 행복할 때 어떤 소리가 들려?

☑ 평생 행복할 수 있는 기계에 들어갈 수 있다면 들어갈 거야?

3. 행복 정거장에서 나누는 철학 대화

♦ 행복은 무엇일까?

행복은 찾아오는 게 아니라 발견하는 거야. 맛있는 음식을 먹고, 좋아하는 사람들과 대화를 나누며 즐거워하고 기뻐할 때 느낄 수 있어.

♦ 즐거움만이 행복일까?

철학자 아리스토텔레스는 즐거움이 곧 행복은 아니라고 해. 인간이 지닌 고유한 덕성을 실천할 때 에우다이모니아를 이룰 수 있어. 덕성을 알맞은 양으로 지속적으로 실천해서 습관이 되어야 한대.

♦ 행복하려면 무얼 해야 해?

긍정심리학에서 아리스토텔레스의 덕성 이론을 바탕으로 전 세계의 다양한 문화에서 중요하게 여긴 가치를 조사해 6개의 덕목과 24가지의 성격 강점을 제시했어. 사람마다 대표 강점이 다른데 대표 강점을 찾아 실천하는 것이 행복에 이르는 길이야.

정거장12: 죽음

"죽지 않고 살아야 할
이유는 무엇일까?"

봄비가 내린 어느 날 아침. 민준이는 달팽이를 데리고 교실에 들어왔습니다. 달팽이는 길을 잃었는지 복도 벽에 붙어 있었고, 민준이가 그 모습을 발견했다고 합니다.

풀잎에 있어야 할 달팽이가 왜 벽에 붙어 있었을까요? 아이들에게 둘러싸여 책상 위에 놓였을 때 달팽이는 얼마나 당황했을까요? 달팽이는 하얀 점액질을 내놓으며 꿈쩍꿈쩍 책상 위를 기어갔고 아이들은 달팽이 곁에 둘러서서 환호성을 내질렀습니다.

"달팽이가 지나간 자리에 자국이 생겼어."

"너무 귀여워."

"진짜 느리다."

달팽이의 작은 몸짓 하나하나에 감탄하던 아이들은 급기야 이렇게 외쳤어요.

"선생님! 우리 이 달팽이 길러요!"

저는 사실 민준이가 달팽이를 교실로 데리고 들어오는 순간 길러야겠다고 생각했습니다. 마침 아이들과 함께 어린이책 『꼴뚜기』*에 실린 단편 「오! 특별 수업」에서 작은 생명들을 기르는 이야기를 읽는 날이었기 때문입니다. 그래도 뜸을 들이며 말했습니다.

"흠, 달팽이를 기르는 건 매우 어려운 일이라 고민이 되지만······. 오늘 우리가 읽을 책에도 생명을 가꾸는 이야기가 나오니 한번 길러보자."

우리는 당장 달팽이에 대해 조사하기 시작했습니다. 달팽이가 어떤 음식을 먹는지, 어디에 사는지, 어떤 환경을 좋아하는지 찾아보는 아이들의 얼굴은 처음 육아책을 집어 든 부모처럼 진지했습니다. 긴급히 마련한 투명 플라스틱 컵이 달팽이의 임시 숙소가 되었습니다.

"선생님, 여기에 흙하고 풀 가져와도 돼요?"

아이들은 우르르 1층 중앙 정원으로 몰려갔습니다. 잠시 후 보드

* 진형민 글·조미자 그림, 창비, 2013.

라운 흙과 풀로 채워진 컵이 아늑한 달팽이의 집이 되었습니다. 이름도 지어주었습니다. 이름하여 오팽이. 5학년 3반에서 기르기에 붙여진 이름입니다. 그렇게 오팽이는 스물네 명의 어린이와 함께 살게 되었습니다.

갑자기 찾아온 만남과 이별

오팽이의 존재감은 실로 대단했습니다. 상훈이는 집에서 사육장을 가져왔고, 지원이는 신선한 상추와 당근, 사과 껍질을 매일매일 가져왔습니다. 촉촉한 습도를 유지하기 위해 매일 분무기로 샤워를 시키는 일도 잊지 않았습니다.

그런데 주말이 지난 월요일 아침, 오팽이가 물기 없이 바싹 말라 있었습니다. 다행히 물을 뿌려주고 먹이를 주니 다시 살아났습니다. 저는 아이들에게 말했습니다.

"이제 그만 오팽이를 자연으로 돌려보내 주자. 주말에 분무기 샤워를 해줄 사람이 없으니 오팽이가 힘들어하잖아."

"그래도 오팽이 계속 기르고 싶어요!"

"그럼 주말에 어떻게 해?"

"교실에서 돌아가며 맡는 역할에 오팽이 사육사를 추가하면 어때요? 사육사가 주말에 집으로 데려가 보살피게 해요."

오팽이가 죽을까 봐 조마조마했지만 저는 아이들을 믿어보기로 했습니다. 오팽이를 정성껏 돌본 상훈이와 지원이가 사육사가 되었습니다. 쉬는 시간마다 아이들은 사육장 옆에 붙어서 오팽이가 무얼 먹는지, 어떻게 움직이는지 중계했습니다.

달팽이는 조용한 것을 좋아한다는 것을 알게 된 상훈이는 "오팽이가 싫어하잖아! 좀 조용히 좀 해!" 하며 아이들을 향해 소리쳤습니다. 그렇게 소리치는 목소리가 더 시끄러웠지만 저는 슬쩍 눈감아 주었고요.

오팽이 사육사 상훈이는 사육장 안에 오팽이가 싼 똥을 치워야 하기에 흙을 갈아주는 역할도 맡았습니다. 흙을 갈기 위해 사육장을 들고 나간 어느 점심시간이었습니다. 아직 점심시간이 끝나려면 한참 남았기에 신나게 놀고 있어야 할 아이들이 사색이 된 채 교실로 뛰어들어 와 외쳤습니다.

"선생님, 오팽이가 밟혔어요! 오팽이 껍질이 부서졌어요!"

제 머릿속은 하얘졌습니다. 우려했던 일이 결국 벌어지고 말았습니다. 껍질이 깨져버린 오팽이는 식음을 전폐하다 다음 날 죽고 말았습니다. 막막했습니다. 교실에서 애지중지 기르던 오팽이의 죽음을 어떻게 다루어야 할까요? 아이들에게 죽음을 어떻게 이해시켜야 할까요? 또 아이들은 오팽이의 죽음을 어떻게 받아들이고 견려내야 할까요?

저는 철학자 에피쿠로스(Epikouros)에게 기대기로 했습니다. 기원전 306년 아테네에서 활동한 에피쿠로스는 죽음이 나쁜 것이 아니라고 합니다.[81] 우리가 존재하는 한 죽음은 우리와 아무 상관이 없기 때문입니다.

게다가 죽음이 찾아왔을 때 이미 우리는 사라지고 없습니다. 즉 살아 있을 때는 죽음이 없고 죽었을 때는 우리는 없으니, 살아 있든 죽어 있든 간에 죽음은 무관하다는 것이죠.[82]

에피쿠로스의 말에 따르면 오팽이의 죽음은 전혀 나쁜 것이 아닙니다. 오팽이가 살아 있을 때는 죽지 않은 상태이므로 죽음이 나쁘지 않습니다. 죽은 후에는 오팽이가 존재하지 않습니다. 죽음이 나쁘다고 하려면 죽음을 나쁘다고 느낄 주체인 오팽이가 죽음과 동시에 존재해야 합니다.

저는 이 말을 무기 삼아 의연한 모습을 보이며 아무렇지 않은 척 하려고 했습니다. 하지만 아이들은 달랐습니다. 오팽이의 죽음 앞에서 약해진 마음을 감추지 않았습니다. 함께 슬퍼하고 안타까워하면서요. 아이들이 애도하는 첫 번째 절차는 장례식을 치러주는 일이었습니다.

아이와 함께 떠나는 열두 번의 철학 여행

오팽이의 장례식

오팽이가 세상을 떠난 날, 점심 식사를 마친 아이들은 오팽이 사육장을 가슴에 품고 학교 정원으로 내려갔습니다.

"선생님, 저희가 먼저 가 있을게요. 내려오세요!"

제가 점심 식사를 마치고 정원에 가보니 아이들은 이미 무덤을 만들어놓았습니다. 봉긋한 흙무덤 주변에는 아이들이 직접 그린 오팽이의 영정 사진과 함께, '오팽이 여기에 잠들다'라는 묘비가 있었습니다.

나뭇가지로 무덤의 테두리를 두른 다음 보라색 메발톱꽃을 가운데 꽂고 분홍 철쭉을 늘어놓았습니다. 노란 데이지 꽃도 무덤을 장식하고 있었습니다.

지성이가 사회를 맡아 장례식을 진행했습니다.

"먼저 세상을 떠난 오팽이를 기리며 묵념을 하겠습니다. 일동 묵념."

우리는 고개를 숙이고 눈을 감으며 오팽이를 떠올렸습니다. 학교 정원에 있던 다른 반 아이들이 "달팽이 장례식은 처음 봐"라면서 복닥거리며 구경하는데도 아이들은 시종일관 진지하게 장례식에 참여했습니다.

"이제 오팽이에게 하고 싶은 말을 한마디씩 해줍시다."

아이들이 만든 오팽이의 무덤

"오팽아, 네가 있을 때 참 좋았어. 미안해. 잊지 않을게."

"네가 우리 반에서 살지 않았다면 목숨대로 오래 살다가 자연사했을 텐데……. 우리 반에 왔는데 우리가 지켜주지 못해 미안해."

아이들의 말을 듣는데 제 눈이 알싸해지는 것이 느껴졌습니다. 에피쿠로스의 말과 다르게 죽음은 확실히 나쁜 것이었습니다. 한 아이가 오팽이를 기리며 쓴 시, 〈고별사〉에서 확신할 수 있었습니다.

아이와 함께 떠나는 열두 번의 철학 여행

고별사

5학년 3반 출석번호 16번 이름: 오팽이
오팽이가 죽었다.

그때 누군가 밟지 않았더라면
오팽이는 지금쯤 신나게 놀고 있겠지.

오팽이가 가니 너무 허전하다.
그땐 재밌었는데 이렇게 되니 슬프다.

오팽이가 안타깝게 사고로 죽지 않았다면 오팽이는 사육장에서 달큰한 당근즙을 먹고, 촉촉한 분무기 샤워를 받으며 살 수 있었습니다. 세상이 주는 축복을 누릴 시간이 더 늘어났을 것입니다.

삶이 주는 축복을 박탈당했기에 죽음이 나쁘다고 보는 관점을 박탈 이론이라고 합니다. 철학자 셸리 케이건(Shelly Kagan)도 주장한 이론이지요.[83]

에피쿠로스는 인간이 죽음과 동시에 존재할 수 없기에 죽음이 나쁘지 않다고 했습니다. 하지만 케이건은 실제로 일어나지 않은 일도 인간은 나쁘다고 느낄 수 있다고 주장합니다.

케이건이 저에게 로또 두 장을 주면서 하나를 선택하라고 했다고 상상해 볼까요?[84] 저는 고민하다가 왼쪽 로또를 선택했고 나머지 하나는 케이건이 가져갔습니다.

그리고 토요일, 로또를 확인해 보니 저는 4등인 5만 원에 당첨되었습니다. 그 돈으로 책을 주문하며 행복해하고 있는데, 알고 보니 케이건은 1등인 24억 원에 당첨되었습니다. 제가 오른쪽 로또를 선택했다면 24억 원의 주인공이 될 수도 있었던 것입니다.

그렇다면 왼쪽 로또를 선택한 것은 상대적으로 나쁜 일입니다. 두 로또를 동시에 선택할 수 없기에 한쪽을 선택한 일은 다른 쪽의 가능성을 제거해 버리지요. 이렇게 일어나지 않은 일, 나와 동시에 존재하지 않은 일도 나쁜 일이 될 수 있습니다.

마찬가지로 삶과 죽음을 비교했을 때 죽음은 상대적으로 나쁜 일이 됩니다. 죽지 않았다면 누릴 수 있을 내 삶의 좋은 것을 앗아가기 때문이죠. 죽음이 빨리 찾아올수록 더 많은 시간을 빼앗긴 것 같아서 비극처럼 느껴지지만, 오팽이가 사고를 당하지 않고 자연사를 했더라도 여전히 삶을 빼앗기게 되므로 죽음은 나쁜 일입니다.

인생은 살아야 할 가치가 있는가?

박탈 이론에 따르면 죽음은 축복으로 가득한 삶을 앗아가기에

아이와 함께 떠나는 열두 번의 철학 여행

나쁩니다. 그런데 우리 삶에는 축복할 만한 순간도 있지만 고통스러운 순간도 분명히 존재합니다. 삶이 더 이상 축복이 아니라면, 고통만 가득하다면, 이를 끝내기 위해 죽음을 떠올릴 수 있습니다.

다음은 한 아이가 잡지 「오삼불고기」의 오삼상담소에 털어놓은 고민입니다.

> 사실 다른 사람들 앞에서는 표현하지 않았지만 요즘 맨날 언니랑 싸우고 가끔은 죽고 싶은 때도 많아요. 어떻게 하죠?

우리 반 아이가 아무에게도 말할 수 없는 고통스러운 마음을 움켜쥐고 자살을 떠올렸을 생각을 하니 마음이 조여오는 것 같았습니다. 무슨 말을 해줘야 할까 고민하다가 아이가 죽고 싶다는 생각을 왜 오삼상담소에 알렸을까 생각해 보게 되었습니다.

죽고 싶은 마음을 알린 것이 살고 싶다고, 도와달라고 하는 외침처럼 들렸습니다. 언니랑 싸울 때마다 존재 가치가 뭉개지는 것처럼 느끼는데, 그럼에도 죽지 않고 살아야 할 이유가 무엇인지 세상에 묻고 있는 것 같았습니다.

고통이 있더라도 죽지 않고 견디며 살아야 할 이유는 무엇일까요? 우리 삶은 어떤 점에서 가치가 있을까요? 어린이책 『오래 슬퍼

하지 마』*를 읽으며 아이들에게 도움을 요청했습니다.

검은 망토를 뒤집어쓴 '죽음'이 할머니를 데려가기 위해 집에 찾아왔습니다. 죽음은 움푹 들어간 퀭한 눈, 커다란 매부리코에 창백한 얼굴빛으로 부엌에 앉아 있습니다. 분홍빛 뺨을 가진 아이들은 죽음의 길고 창백한 손을 잡고 있습니다.

할머니의 손주들이 죽음이 할머니를 데려가지 못하게 커피를 계속 따라 주며 시간을 끕니다. 우리 반 아이들이 껍질이 깨진 오팽이를 살려보고자 신선한 당근과 배추를 가져다준 것처럼 말이지요.

그러자 죽음이 슬며시 이야기를 시작합니다. 먼 옛날에 '슬픔'과 '눈물'이 골짜기에 살고 있었다고 합니다. 햇빛도 비치지 않는 아주 어두운 곳입니다. 그곳에 사는 돼지들도 표정이 어둡습니다. 언덕 위쪽에는 '기쁨'과 '웃음'이 살고 있었습니다. 골짜기와 다르게 언제나 햇빛이 비치고 알록달록한 꽃이 피어나는 곳이었습니다.

그런데도 기쁨과 웃음은 뭔가 부족하다고 느꼈습니다. 그러다 우연히 네 사람이 만났습니다. 슬픔은 기쁨과, 눈물은 웃음과 결혼식을 올리고 서로 떨어져서는 못 사는 사이가 되었다고 합니다.

이야기를 마친 죽음이 아이들에게 물어봅니다.

"죽음이 없다면 삶이 무슨 의미가 있겠니? 비 오는 날이 없어도

* 글렌 링트베드 글·샬로테 파르디 그림, 안미란 옮김, 느림보, 2007.

아이와 함께 떠나는 열두 번의 철학 여행

햇빛의 고마움을 알 수 있을까? 밤이 없다면 아침을 기다릴 필요가 없겠지?”

죽음은 우리가 햇빛의 고마움을 느끼며 아침을 맞이하는 일에서 삶의 의미를 발견합니다. 힘들고 두려운 일 덕분에 우리가 기쁘고 행복한 일의 의미를 제대로 느낄 수 있다고 하지요. 저도 죽음처럼 아이들에게 물어보았습니다.

“죽지 않고 살아 있어서 좋다고 느끼는 사람은 어떤 사람일까?”

선혜는 성공한 사람을 떠올렸습니다.

“가지고 싶은 것을 모두 갖고, 이룰 수 있는 것을 모두 이루고, 노력해서 얻은 결과가 내가 만족하는 정도여서 기쁨을 누릴 수 있는 사람이요. 그런데 그 사람들은 죽을 때 그렇지 않은 사람보다 더 슬프고 허탈할 것 같아요. 모두 이뤘지만 죽음은 그 모든 것을 끝내버리잖아요.”

죽음은 사람이 살면서 이루어놓은 것을 가져가 버리기에 나쁩니다. 선혜는 많이 이룬 사람일수록 더 많은 것을 잃기에 더 슬플 것이라고 했습니다. 그런데 모든 사람이 원하는 것을 다 이루며 살지는 않습니다. 저는 그 점을 물었습니다.

“그럼 만족할 만하게 이루지 못한 사람은 어떨까? 실패한 사람에게 죽음은 좋은 것일까?”

“아니에요. 사실 세상에는 실패를 겪어봤고, 갖고 싶은 것을 못

갖고, 이룰 수 있는 것을 모두 이루지 못한 사람들이 더 많을 것 같아요. 이루고 싶은 것을 다 이룬 사람은 극소수라고 생각해요. 그래도 실패한 사람들은 새로 시작할 수 있어요."

실패를 경험해도 다시 잘하고 싶은 마음이 드는 것 또한 매우 어려운 일일 것 같아, 선혜에게 예를 들어달라고 했습니다.

"예를 들면 어떤 것이 있을까?"

"예를 들어 미술 대회에서 꼴등을 한다고 해도 '이번 작품에서는 뭐가 빠졌을까?' 고민하며 배울 수 있어요. 실패를 경험하면 배울 점이 분명히 있어요. 성공하고 나면 다음에 목표를 세우지 않는 이상 그다음에 할 수 있는 게 없잖아요. 그런데 실패를 하면 더 잘하고 싶은 의지가 생겨요."

실패를 경험해도 그것을 극복하려는 마음이 살고자 하는 의지가 될 수 있습니다. 지후도 살아 있어서 좋다고 느낀 자신의 경험을 들려주었습니다.

"비 오는 날은 꿉꿉하잖아요. 그런데 비 오는 날이 좋을 수도 있어요. 지난주 토요일에 비가 엄청 내렸어요. 비 맞으면서 서울숲 둘레길을 가족들이랑 만 보 넘게 걸었어요. 사람이 아무도 없어서 마스크를 벗고 걸으니까 좋았어요."

"오, 엄청 상쾌했겠다! 오래 걸어서 힘들지 않았어?"

"안 그래도 걷다 보니 배고팠거든요. 배고픔은 나쁠 수 있지만

아이와 함께 떠나는 열두 번의 철학 여행

'아, 이제 뭐 먹을 수 있어, 너무 기뻐!' 하면서 기대할 수도 있으니 배고픔도 좋은 것이 될 수도 있어요."

선혜와 지후는 실패, 궂은 날씨, 배고픔 같은 일이 생기더라도 여전히 우리 삶은 좋은 것이라고 했습니다. 지후의 말을 들은 선혜는 이렇게 덧붙였습니다.

"이 세상에 의미 없는 삶은 없어요. 모든 삶은 다 각자의 의미가 있어요."

세상에 의미가 없는 것은 아무것도 없다

선혜와 지후의 말을 들으니 철학자 윌리엄 제임스(William James)가 떠올랐습니다. 제임스도 모든 삶은 다 의미가 있기에 감히 다른 사람의 가치를 판단해서는 안 된다고 했습니다.

1842년 미국 뉴욕의 부유한 집에서 태어난 제임스는 하버드대학에서 공부하고 교수도 되었지만, 삶을 비관해서 끊임없이 자살에 대한 생각을 했습니다.[85] 그래서 제임스는 자기 삶을 구원할 수 있는 철학을 추구했습니다.

제임스에게 삶의 의미는 감각적으로 경험할 수 있는 세계에서 스스로 만들어나가는 것입니다.[86] 살아야 하는 이유는 여기가 아닌 다른 곳에서 찾는 것이 아닙니다.

"바글바글 소리가 날 정도로 풍요로운 구체적인 세계의 극적 풍성함"을 향해 스스로를 활짝 열어젖히며 즐거움을 느낄 수 있다면 그 삶에는 의미가 있습니다.[87]

이 관점에서 지후도 의미 있는 삶을 살고 있습니다. 토독토독 비 내리는 숲길에서 빗방울이 피부에 닿는 감촉을 느낄 수 있고, 배고프면서도 뭘 먹을까 기대할 수 있으니까요.

선혜가 모든 삶은 다 각자 의미가 있다고 한 것처럼, 각각의 삶에서 느낄 수 있는 즐거움은 모두 다릅니다. 경험하는 세계가 다르기 때문입니다. 우리가 다른 사람이 느끼는 삶의 의미에 대해 함부로 판단할 수 없는 이유입니다.

제임스는 동물의 삶도 저마다 의미가 있다고 했습니다. 우리는 개와 친밀한 관계로 엮여 있지만 "울타리 밑의 뼈다귀라든가 나무나 가로등 냄새가 가져다주는 황홀함"[88]에 관해서라면 아는 바가 없습니다.

한편, 제임스는 무턱대고 즐거움만 찾는 낙관주의자를 비판합니다. 의미 있는 삶의 결과로 즐거움을 누려야지, 즐거움만 흠뻑 들이마시며 삶의 의미를 찾으려고 해서는 안 됩니다. 우리가 사는 세계에는 분명 고통이 존재하기에, 삶의 가치가 행복한 상황 속에만 있다는 생각은 위험합니다. 어쩌다 불행이 들이닥쳐도 불행을 받아들

아이와 함께 떠나는 열두 번의 철학 여행

이지 못하고, 행복한 조건들로만 삶을 채우길 바라게 되기 때문입니다.[89]

제임스는 삶이 주는 고통과 싸워나가는 것도 큰 의미를 지닌다고 말합니다. 고통과 고난이 오히려 삶에 대한 열정을 강화시킨다고 했지요.[90]

제임스는 셔토쿼 호수에서 보냈던 일주일을 통해 고통 없는 삶이 얼마나 끔찍한지 들려줍니다.[91] 뉴욕에 위치한 셔토쿼 호수 근처 마을은 원하는 모든 것은 다 얻을 수 있는 곳이었습니다.

700명의 합창단이 부르는 노래를 야외 음악당에서 들을 수 있고 조정, 수영, 자전거 등 모든 운동을 할 수 있으며, 특출 난 사람들에게 강의도 들을 수 있는 데다가 심지어 끊임없이 샘솟는 탄산수 샘물도 마실 수 있습니다. 범죄, 전염병, 가난, 취한 사람 등 나쁜 것은 하나도 없습니다. 그야말로 인간 사회에 고통이 없다면 어떤 모습일지 맛보기로 즐길 수 있었다고 합니다.[92]

그러나 모순적이게도 제임스는 다시 원래 살던 도시로 돌아와 안도감을 느꼈습니다. 심지어 '위험이라고는 없는 이 끔찍한 세계'에는 살 수 없었다고 말했죠.

모든 것이 만족스럽고 편안하고 평화롭다면 강렬하게 갈망할 일도 생기지 않습니다. 저도 이 경험을 한 적이 있습니다. 5년 전쯤 하와이의 카일루아 해변에서 떠오르는 태양을 바라보며 잠시 휴가를 즐겼습니다. 오렌지빛 태양이 일렁이는 부드러운 파도, 그 파도가 담긴 촉촉한 바람을 맞으며 요가를 하고 있는데 더 이상 바랄 것이 없겠다는 생각이 들었습니다.

일상에서 매일 아이들과 눈 맞추며 대화하고, 철학책을 읽으며 공부하고, 아이들에게 읽어줄 책을 고르는 일들이 아득하게 느껴지면서 '그렇게까지 열심히 살아야 하나?'라는 생각이 들었습니다.

그런데 만약 하와이의 자연 속에서 매일 요가를 하며 즐거운 나날을 보내고 살았다면, 저는 지후가 삶의 가치관을 세우는 장면을

아이와 함께 떠나는 열두 번의 철학 여행

목격하지 못했을 겁니다.

수업이 끝날 때쯤, 지후가 말했습니다.

"제 인생의 목표를 고등학교, 대학교, 직장, 결혼 이런 게 아니고 죽음으로 잡았어요. 죽을 때까지 열심히 살 거예요. 사람들이 다들 목표로 삼는 게 돈, 좋은 직장이잖아요. 저는 그거 말고, 죽을 때까지 열심히 사는 걸로 할래요."

"어떻게 사는 게 열심히 사는 거야?"

지후는 배 위에 손을 살포시 포개어 얹으며 답했습니다.

"죽으면 관에 들어가잖아요. 그리고 이렇게 배에 손을 얹어요. 증조할머니가 해주신 말씀인데요, '관에 누워서 가슴에 손을 얹기 전까지는 너의 삶을 모두 즐기고 사랑하여라'라고 하셨거든요. 그게 열심히 사는 삶 같아요. 저도 그렇게 살래요."

지후의 말을 듣는데 어쩐지 지후의 미래가 파노라마처럼 눈앞에 펼쳐졌습니다. 남들이 좋다고 하니까 들어간 직장에서 아등바등 사는 삶이 아니라, 자신에게 의미가 있다고 생각해서 스스로 선택한 직장에 들어가 일의 재미를 느끼며 살아가는 모습이 그려졌습니다.

혹여 고난을 마주치더라도 좌절하거나 무너지지 않고, 고난을 자기 삶으로 끌어안아 앞으로 걸어가는 모습이 그려졌습니다. 지후의 눈을 한참 바라보았습니다.

이 순간을 오래 기억하고 싶었습니다. 제가 살고 있는 세계가 의미로 가득 차 바글바글 소리를 내며 흘러넘치는 것이 느껴졌습니다.

퇴근길에 들린 오팽이의 무덤가에는 점심시간보다 더 많은 꽃이 놓여 있었습니다. 어둑어둑해진 정원에서 꺾어온 꽃들도 시들어가며 오팽이와 함께 죽음을 맞이하고 있었습니다. 어느 날 우리 교실에 갑자기 찾아온 오팽이가 '우리는 모두 죽는다'라는 사실을 떠올리게 해주었습니다. 오팽이의 존재가, 오팽이의 죽음이 살아 있음의 축복에 대해 생각하게 해주었습니다.

오팽이는 손톱만 한 작은 몸으로 꿈쩍꿈쩍 우리들 마음을 지나가며 끈끈한 흔적을 만들어놓았습니다. 이 세상에 의미가 없는 것은 아무것도 없습니다.

아이와 함께 떠나는 열두 번의 철학 여행

✂⊙ 새로운 생각을 발견하는 철학 여행 지도 〈

1. 죽음 정거장에서 만나는 철학 개념

☑ 박탈 이론   ☑ 삶의 의미   ☑ 낙관주의자

2. 부모를 위한 길잡이 질문

반려 동물이 죽었을 때, 뉴스에서 죽음을 접했을 때, 아이와 함께 죽음에 대해 대화를 나누어보자. 삶과 죽음은 언제나 붙어 있기에 죽음에 대해 이야기 나눌 일이 많다.

☑ 죽었을 때는 내가 이미 세상에 존재하지 않는데 죽음은 나에게 왜 나쁠까?

3. 죽음 정거장에서 나누는 철학 대화

♦ **죽음은 무엇이고, 왜 나쁠까?**

죽음은 살아 있는 모든 것이 필연적으로 맞게 되는 것으로 이 세상에 더 이상 존재하지 않게 되는 상태야. 박탈 이론에 따르면 죽음은 삶의 축복을 앗아가기에 우리에게 나빠.

♦ **죽지 않고 살아야 할 이유가 무엇일까?**

삶이 축복으로 가득 차 있지 않고 실패하고 고통을 겪더라도, 의미를 발견한다면 삶은 살아갈 가치가 있어. 열려 있는 마음으로 즐거움을 느끼고, 고난의 순간도 삶으로 받아들일 때 의미를 찾을 수 있어.

♦ 즐거운 일이 있어야 사는 걸까?

철학자 윌리엄 제임스는 즐거움만 찾는 낙관주의자를 비판해. 의미 있는 삶의 결과로 즐거움을 누리는 것이지 즐거움만 느낀다고 해서 삶의 의미를 찾을 수는 없어.

2부

아이와 함께
철학 여행을
떠나고 싶다면

아이들과 함께하는 철학 탐험이 즐거우셨나요?
그래도 철학은 역시 너무 어려운 것 같다고요?
걱정하지 마세요. 철학은 '대화'입니다.
먼저 내가 아이와 어떻게 대화하고 있는지를 알면
철학 대화까지 나아가는 건 정말 쉽습니다.

우리 가족 대화 유형 체크하기

평소 아이들과 어떻게 대화를 나누고 계신가요? 아래의 체크리스트를 통해 우리 가족의 대화 유형을 알아보고 어떤 대화가 필요한지 확인해 보세요.

A	○ 아이와 나누는 대화가 즐겁다. ○ 아이의 말이 다 끝날 때까지 기다렸다가 내가 하고 싶은 말을 한다. ○ 아이가 이야기를 하고 싶어 하면 잠시 다른 일을 멈추고 대화를 나눈다. ○ 아이와 대화할 때는 아이의 말에 집중하며 다른 생각을 하지 않는다. ○ 아이와 매일 10분 이상 집중 대화를 한다.
	☑ 2개 이하 → **모래사막 유형**　☑ 3개 이상 → **B로 가세요.**
B	○ 아이가 나에게 고민을 털어놓는다. ○ 아이가 몰입하며 즐기는 취미 생활에 대한 대화를 나누며 함께 즐긴다. ○ 아이가 어울려 지내는 친구들의 특징을 잘 알고 있다.
	☑ 1개 이하 → **속마음이 궁금해 유형**　☑ 2개 이상 → **C로 가세요.**
C	○ 아이와 함께 꾸준히 실천하는 가족 프로젝트가 있다. (예: 매일 아침 식사 함께하기, 매일 운동하기, 다같이 가족 휴가 계획하기, 잠자기 전 책 읽기) ○ 아이와 일상적인 대화뿐만 아니라 책, 영화, 삶의 가치 등 다양한 주제로 대화를 나눈다.
	☑ 1개 이상 → **대화가 철철 유형**

✦ 모래사막 유형 → 239쪽

대화가 없어 가족 분위기가 삭막한 모래사막과 비슷합니다. 대화를 하더라도 "숙제는 했니?"와 같은 일방적인 지시가 대부분입니다. 아이에게 어떤 말을 해야 하고 어떤 말은 하면 안 되는지, 아이와 대화할 때 어떤 태도를 가져야 하는지 등 올바른 말 습관을 연습해 대화의 기초를 닦아야 합니다.

✦ 속마음이 궁금해 유형 → 249쪽

아이가 속마음을 잘 털어놓지 않아 무슨 생각을 하며 살고 있는지 모를 때가 많습니다. 조잘조잘 잘 이야기하던 아이도 사춘기에 접어들면서 집에서는 이야기를 잘 꺼내지 않기도 합니다. 조심스럽게 아이의 마음을 열 수 있도록 신뢰를 쌓는 것이 필요합니다. 아이의 말을 잘 듣는 연습을 통해 신뢰 관계를 충분히 만들어나갈 수 있습니다.

✦ 대화가 철철 유형 → 258쪽

즐거운 대화가 철철 흘러넘칩니다. 대화를 나누고 나면 기분이 좋아지고, 서로에게 힘이 됩니다. 가족 프로젝트를 실천하며 '우리'라는 공동체 감각을 키우고, 일상 대화를 넘어 철학 대화로 즐겁게 나아갈 수 있습니다.

우리 가족 대화 유형 체크하기

5장

아이와 함께
즐겁게
대화하기

01 모래사막 유형

대화를
어떻게 이어갈까?

많은 부모님이 아이가 오늘 하루를 어떻게 보냈는지 궁금해합니다. 하지만 막상 알 수 있는 방법은 없다고 말합니다. 학교를 다녀온 아이에게 직접 묻는 게 가장 좋지만 아이에게 물어도 짧게 대답해서 대화가 이어지지 않는다고 하소연을 하지요.

"학교 잘 갔다 왔어?"

"응."

"어땠어?"

"좋았어."

"친구들이랑 잘 놀았어?"

아이와 함께 철학 여행을 떠나고 싶다면

"잘 놀았어."

어른이 아무리 대화를 이끌어봐도 아이는 묻는 말에만 답할 뿐 별다른 이야기를 하지 않습니다. 아이 입장에서는 학교를 잘 갔다 왔고, 재밌게 잘 놀았고, 별일이 없었기에 딱히 할 말이 없기 때문입니다.

이처럼 대화가 더 이상 이어지지 않으면 아이와의 대화는 '오늘 숙제는 뭐야? 숙제를 하고 놀아야지', '집에 왔으면 손 닦고 밥을 먹어야 해' 등 지시하는 말로 채워집니다.

아이의 행동을 이끌어주기 위한 지시하는 말도 꼭 필요합니다. 하지만 아이와 나누는 대화의 대부분이 꼭 해야 하는 일, 꼭 배워야 하는 행동을 안내하는 말로만 가득 채워져 있다면 아이의 마음을 읽을 수 있는 기회는 사라집니다.

하루의 소중한 순간을 붙잡는
"오늘은 뭐가 좋았어?"

이럴 때 질문을 바꾸면 대화가 수월하게 이어집니다. 바로 "오늘은 뭐가 좋았어?"라는 질문입니다. 루이스 세풀베다(Luis Sepulveda)의 소설 『연애 소설 읽는 노인』에는 아마존 정글에 살고 있는 수아르족이 나옵니다. 수아르족은 매일 밤 둥그렇게 모여서 안부를 묻고 지혜를 나누며 서로를 지킵니다.

"오늘은 어땠어? 어떤 점이 좋았어?"

별이 총총히 박혀 있는 밤하늘 아래 모닥불을 피워놓고 귀 기울여 서로의 하루를 듣는 것은 수아르족이 살아남기 위해 선택한 방법입니다. 곳곳에 위험이 도사리는 정글에서는 서로 믿고 의지하고 똘똘 뭉치는 것이 무엇보다 중요하니까요.

그래서 저 역시 아이들에게 물어보기 시작했습니다. 매주 금요일 마지막 수업을 학급회의를 하는 시간으로 정하고 아이들에게 물어보았습니다.

"이번 주는 어떤 점이 좋았나요?"

진우가 말했습니다.

"민준이가 자리 바꾸는 날에 제 자리를 닦아주어서 고맙고 좋았어요."

자리를 바꾼 건 월요일이었으니 친구를 향한 고마움을 무려 5일 동안 가슴에 품고 있다가 전해준 것입니다. 이 말을 들은 민준이는 씨익 미소를 지었습니다. 나중에 진우가 민준이에게 작은 실수를 해도 민준이는 슬쩍 넘어가 줄 수 있겠지요.

좋았던 점을 나눌 때 공기 속에 퍼지는 달큰한 분위기가 좋아서, 저도 매일 집에서 아이들에게 "오늘은 뭐가 좋았어?" 하고 물어봅

아이와 함께 철학 여행을 떠나고 싶다면

니다. 자기 전에 침대에 누워 있을 때가 이 질문을 하기 제일 좋은 시간입니다. 포근한 이불 속에서 발가락을 꼼지락거리고 서로의 체온을 느끼며 좋았던 일에 대해 이야기를 나누면 입가에 미소가 절로 떠오릅니다.

피곤함이 맹수처럼 덮쳐왔던 어느 날 밤, 저는 좋았던 일을 물어볼 생각도 새카맣게 잊은 채 아이가 빨리 잠에 들기만을 기다리고 있었습니다. 그때 아이가 먼저 저에게 질문을 던졌습니다.

"엄마, 오늘 뭐가 좋았어?"

어둠 속이었는데도 아이 얼굴 위에 떠오른 웃음이 느껴졌습니다. 아이의 질문이 고단했던 하루에 달콤한 시럽을 뿌려주는 것 같았습니다. 쓰디쓴 아메리카노에 설탕시럽을 한 스푼만 넣어도 커피는 순식간에 달콤해지지요. 고단한 하루에 "오늘은 뭐가 좋았어?" 질문 한 스푼을 넣으면 아이와의 관계가 더 부드러워지는 것을 분명 느끼실 겁니다.

물론 기대에 차서 좋았던 점을 물었는데 아이가 오늘 좋았던 것이 하나도 없다고 말할 수도 있습니다. 좋았던 일을 떠올리는 것도 하나의 기술이라 연습이 필요하기 때문입니다. 그럴 때는 부모가 먼저 말해주면 됩니다.

"오늘 어떤 점이 좋았어?"

"오늘 좋았던 점? 하나도 없는데?"

"에구. 좋았던 점이 하나도 없다니 아쉽네. 가만 보자. 오늘 날씨도 춥고 미세먼지도 많아서 밖에 나가지도 못하고 집에서만 보냈으니 좋은 점 찾기가 어려울 수도 있겠다. 그래도 나는 오늘 아침에 눈을 떴는데 콧물이 안 나서 좋았어. 요 며칠 엄마가 비염으로 고생했잖아."

"그러네. 이제 콧물이 안 나네?"

"그리고 오늘 점심때 먹은 짜파게티도 무지 맛있었어."

"맞아, 맞아. 오늘 좋은 점은 짜파게티 먹은 걸로 할래."

부모가 먼저 아이에게 일상의 사소한 부분을 짚어서 말해주세요. 그럼 아이들은 자연스럽게 자신의 이야기를 꺼냅니다. 처음이 어려울 뿐입니다. 이런 대화가 매일 쌓인다면, 아이는 부모가 먼저 묻지 않아도 자신의 하루에 대해 미주알고주알 이야기를 늘어놓을 겁니다.

문제상황이 생겼을 때는
"무슨 일 있었어?"

하지만 어떻게 매일 좋은 일만 있을 수 있나요. 문제가 생기는 일도 왕왕 있습니다. 선생님이나 이웃집 엄마에게 아이가 학교에서 어떤 문제를 일으켰다는 이야기를 들었다면 어떻게 해야 할까요? 또는 학교에 다녀온 아이의 기분이 평소와 다르게 가라앉아 있거나, 아니면 화를 내거나 엉엉 울고 있다면요? 아이가 내가 알고 있는 평소의 모습이 아닐 때 부모는 당황하게 됩니다.

아이가 평소와 다른 모습이라면 현재 어떤 문제를 대면하고 있다는 뜻입니다. 이때 가장 먼저 해야 할 일은 문제상황을 아이가 직접 '아이의 입장에서' 설명할 수 있도록 도와주는 것입니다. 이는 문제를 해결하는 첫 번째 단계로, 여기서 아이가 마음의 문을 닫아버리면 그다음 단계로 나아갈 수 없기 때문에 굉장히 중요합니다.

먼저 아이가 엉엉 울거나 화를 내며 감정이 격해져 있다면 감정이 가라앉을 수 있게 기다려주세요. 자신의 감정을 스스로 이해하고 표현할 수 있도록 아이에게 공감해 주고, 서서히 감정이 풀어진다면 그때 문제를 꿰뚫는 질문을 합니다.

"무슨 일이 있었어?"

이 질문을 할 때는 사건의 사실 관계를 파악하는 경찰의 태도가 아니라 '잘 모른다는 태도'로 아이에게 다가가야 합니다. 부모가 그 상황을 직접 겪지 않았으므로 한발 물러나는 것입니다.

그 문제에 있어서는 직접 겪은 아이가 더 전문가입니다. 옆집 엄마, 담임선생님, 친구들로부터 무슨 일이 있었는지 이미 들었다고 해도 그 말들은 모두 각자의 입장에서 서술한 것입니다. 다른 사람이 한 말은 일단 한쪽으로 접어두고, 아이가 스스로 보고 느낀 대로 있었던 일을 설명할 수 있도록 아이의 입장을 지지하며 들어야 합니다.

이런 부모의 마음을 효과적으로 전달할 수 있는 마법의 말이 있습니다. 바로 "네가 아무 이유 없이 그런 행동을 할 아이가 아닌데. 너도 너만의 이유가 있었을 거야"입니다. 이 말은 아이가 자신이 그런 행동을 한 이유를 탐색할 수 있게 도와줍니다.

엄마: 오늘 담임선생님이 전화하셨어. 친구랑 싸웠다고 하던데. 무슨 일이 있었는지 말해줄 수 있어?

아이: 별거 아닌데. (대답 회피)

엄마: 음……. 엄마는 네가 친구랑 싸웠다면 싸울 만한 이유가 있어서 그랬을 거라고 생각하는데. 네가 아무하고나 막 싸우고 그렇지는 않잖아. 그래서 무슨 일이 있었는지 듣고 싶어. ('잘 모른다는 태도'로 아이만의 이유를 탐색)

아이: 걔가 먼저 내 별명을 막 부르잖아. 하지 말라고 그래도 계속 불러서 너무 짜증났어. (아이가 자신의 입장에서 상황 설명)

아이와 함께 철학 여행을 떠나고 싶다면

다른 사람의 입장에서 생각해 보는
"친구는 어떤 느낌이 들었을까?"

그렇다고 아이 입장만 듣고 상황을 파악해도 된다는 뜻이 아닙니다. 무조건 아이의 말만을 믿어버린다면 아이가 다른 사람의 입장에서 생각해 볼 수 있는 기회를 놓칩니다. 문제상황은 서로 다른 입장이 충돌하며 생기므로, 나와 다른 생각을 가진 사람의 마음을 들여다보는 법을 배울 수 있는 아주 좋은 기회입니다.

이제 두 번째 단계로 넘어가서 꼭 아이와 이 질문을 나눠야 합니다.

"너는 어떻게 했어?"

"네가 ~했을 때 친구는 어떤 느낌이 들었을까?"

바로 상대의 입장에서 생각해 보는 것입니다.

엄마: 친구가 별명으로 놀려서 짜증났구나. 네가 그 별명 무지 싫어하는 거 엄마가 잘 아는데. 엄청 화가 났겠네. 그래서 너는 어떻게 했어? (아이가 한 행동을 탐색)

아이: 하지 말라고 해도 계속해서 등짝을 좀 때렸지.

엄마: 네가 친구를 때렸을 때 맞은 친구는 어떤 느낌이 들었을까? 친구가 어떤 표정을 지었던 것 같아? (다른 사람의 입장을 생각하는 질문)

아이: 찡그리고 아파했어.

엄마: 네가 때리면 친구가 아파하니까 친구를 때리면 안 되는 거야.

친구의 입장에서 생각할 때 아이는 비로소 자기가 했던 행동의 결과를 파악할 수 있습니다. 억울하다며 화를 내던 아이들도 자기로 인해 친구가 아파했다는 것을 인정하고 나면 짐짓 숙연한 표정을 짓습니다.

때리면 안 된다는 것을 '그냥' 알고 있는 아이와 왜 안 되는지 깊게 '생각'해 본 아이는 다릅니다. 아이에게 하면 안 되는 행동을 알려주는 가장 좋은 방법은 다른 사람의 입장이 되어서 생각해 보게 하는 것입니다.

주도적으로 생각해 보는
"더 좋은 방법은 뭐가 있을까?"

아이가 겪었던 문제를 제대로 딛고 일어서기 위해서는 비슷한 상황에서 대처할 수 있는 다른 해법을 찾아야 합니다. 아이에게 "더 좋은 방법은 뭐가 있을까?" 물어보며 대처할 방법을 함께 찾습니다.

아이와 함께 철학 여행을 떠나고 싶다면

엄마: 너도 친구가 놀려서 짜증났고, 친구도 아팠고, 다들 속상했겠네.

아이: 그래서 싸우게 된 거지.

엄마: 그럼 친구가 놀릴 때 때리는 거 말고 놀림을 멈추게 하는 더 좋은 방법은 뭐가 있을까? (해결 방안을 탐색하는 질문)

아이: 선생님한테 말씀드려 볼까?

엄마: 그래, 그것도 좋을 수 있겠다. 만약에 선생님이 안 계신 경우는 어떻게 하면 좋을까?

아이: 선생님이 오시면 말씀드려.

엄마: 그래, 좋은 생각이다. 또 다른 방법은 없을지 우리 같이 생각해 보자.

더 좋은 방법을 찾으려고 노력할 때 아이는 스스로 문제를 해결해 나가는 힘을 기를 수 있습니다. 만약 아이가 다른 방법을 모른다면 부모가 제안해 주어도 좋습니다. 그리고 새로운 방법을 시도해 보고 배운 점이 무엇인지 묻고 답을 들어주시면 됩니다.

이처럼 아이가 한 행동의 결과로 어떤 일이 일어났는지, 그 행동보다 더 좋은 방법이 없을지 논리적으로 생각해 볼 수 있도록 아이에게 질문을 던지고 대화를 이끌어주세요. 그러면 아이는 문제상황에서 어떻게 행동해야 하는지 스스로 배울 수 있습니다.

02 속마음이 궁금해 유형

아이의 속마음을
어떻게 들을까?

　일상에서 아이와 대화를 나누는 것도 어려운데, 혹은 이야기가 몇 마디 이어지지 않는데 철학 대화를 어떻게 나눌 수 있냐고요? 물론 부모가 '오늘 철학 대화를 시작해 보자'라고 말한다 해서 아이와 바로 철학의 바다를 유영할 수 있는 것은 아닙니다. 이것은 교사인 저에게도 어려운 일입니다. 아이들과 처음 만나는 개학날 아침에 곧장 철학 대화를 시작할 수 없는 것과 같지요.

　우선 일상 대화부터 할 수 있어야 합니다. 대화는 분위기를 만드는 것에서 시작합니다. 자신의 의견을 마음껏 드러낼 수 없는 강압적인 분위기에서 아이들은 입을 다물고 생각하기를 멈추어버립니

아이와 함께 철학 여행을 떠나고 싶다면

다. 강압적인 분위기를 만들기는 매우 쉽습니다. 아이들에게 의견을 묻지 않고, 의견을 말한다 해도 무시하고, 아이끼리 나누는 대화를 떠드는 일로 치부하는 것이죠.

반대로 자신의 의견을 자신 있게 드러낼 수 있는 분위기를 만들기 위해서는 특별한 과정이 필요합니다. '신뢰'를 쌓는 것입니다. 나의 존재, 그러니까 내가 꺼낸 말과 감정이 수용되는 환경에서 신뢰가 싹틉니다. 교실에서는 아이가 한 말에 교실 속 모두가 귀를 기울이겠다는 의지가 살아 숨 쉬어야 합니다.

가정에서도 건강한 대화를 나누기 위해서는 부모와 아이 사이에 신뢰가 필요합니다. 아이는 아무 어른에게나 자신의 진짜 생각을 털어놓지 않습니다. 아이는 생각을 털어놓을 상대가 안전한지 아닌지 본능적으로 알아차립니다.

아이에게는 촉각·후각·미각·시각·청각의 오감 외에도 다른 사람의 본모습을 알아차리는 감각이 있습니다. 이 감각으로 그 사람이 따뜻하고 진솔한 사람인지, 아니면 아이에게 관심이 없고 진실되지 못한 사람인지를 알아차릴 수 있습니다.[93]

아이는 자기가 가지고 있는 모든 감각을 동원하여 상대방을 탐색합니다. 이 테스트를 통과한 사람만이 내밀한 이야기를 들을 수 있는 자격이 주어집니다.

아이의 생각을 꺼내는 말

아이는 자신의 생각을 꺼냈을 때 어른이 진짜로 귀를 기울이고 있는지 아닌지를 단박에 알아차립니다. 어른이 진심으로 아이의 말을 들어준다면 아이는 마음 놓고 생각을 펼쳐나갑니다. 그러나 현실적으로 부모가 아이의 모든 말을 온 마음을 다해 들어주기는 어렵습니다.

"약속은 왜 지켜야 해요?"

"숙제를 왜 꼭 해야 해요?"

"거짓말을 하면 왜 안 돼요?"

"죽으면 어떻게 돼요?"

아이들이 던지는 질문 중에는 그 자리에서 답해주기 어려운 것도 많습니다. 어른이라고 해서 모든 답을 명확하게 알진 못합니다. 어른조차도 답을 찾아가는 길 위에 서 있으니까요.

그런데 오랫동안 생각해 보지 않은 문제에 대해 어느 날 갑자기 아이에게 질문을 받는 순간, 그 순간이 바로 아이의 생각을 꺼내어 키울 수 있는 절호의 기회입니다. 비싼 학원, 어려운 문제지, 화려한 체험학습이 아니더라도 이 기회를 잘 붙잡으면 영양이 가득한 대화를 주고받을 수 있습니다.

흙 한 줌에 눈에 보이지 않는 수많은 영양소가 들어 있는 것처럼

아이와 함께 철학 여행을 떠나고 싶다면

스쳐지나가는 한마디 말로 아이가 스스로를 믿고 생각을 키울 수 있게 됩니다.

반대로 무심코 던진 한마디가 더 이상 세상에 대해 궁금한 점을 꺼내지 않게 만들 수도 있습니다. 만약 그동안 아이의 질문을 흘려들으며 무심코 대답을 해왔다 하더라도 걱정 마세요. 그 한마디만 바꾸어도 아이가 생각을 꺼내도록 도와줄 수 있습니다. 아이의 생각을 멈추게 하는 말을 '생각을 꺼내는 말'로 바꾸는 법을 소개합니다.

① "크면 알게 돼."
→ "사실 나도 아직 모르겠어. 같이 답을 찾아보자."

어떻게 대답해 주어야 할지 곤란한 아이의 질문에 저도 모르게 "너도 크면 알게 될 거야"라는 말이 튀어나온 적이 있습니다. 얼렁뚱땅 그 상황을 얼버무리려고 했던 것입니다.

잘 생각해 보면 나이를 먹는다 해도 모르는 게 많습니다. 질문을 붙잡아 깊이 생각할 때에야 비로소 알게 되는 것이 있지요.

대답하기 곤란한 질문에는 답을 주기 어렵다며 솔직하게 인정하면 됩니다. 모른다는 것을 인정하고 같이 답을 찾아 나서보자며 손을 내밀면 아이는 부모의 손을 이끌고 신나게 답을 찾아갈 겁니다.

② "아빠/엄마한테 물어봐."

→ "지금 당장 대답할 수 없는 질문도 있어. 우리 같이 천천히 깊게 생각해 보자."

아빠나 엄마가 진짜 그 답을 알고 있을 것 같아서 하는 말이 아닙니다. '크면 알게 돼'라는 말과 비슷하게 대답을 미루고 싶어서 하는 말이지요.

"아빠/엄마한테 물어봐"라는 말은 아이에게 다른 사람의 권위에 의존하는 태도를 가르치게 됩니다. 답을 모르는 질문을 마주쳤을 때 나보다 더 많이 알고 있는 사람에게 의존하게 합니다.

스스로 정답을 찾아 나설 때만 배울 수 있는 것이 있습니다. 바로 천천히 깊게 생각하는 태도입니다. 당장 답을 찾을 수 없는 질문이더라도 시행착오를 겪어나가면서 끝까지 붙들고 늘어질 때, 그 과정에서 끈기를 기를 수 있습니다.

③ "그런 건 아직 몰라도 돼."

→ "와, 벌써 그런 생각도 하는구나! 나도 가끔 그게 궁금했어."

아이가 하는 질문이 나이에 어울리지 않는다는 생각이 들 때 '아직 몰라도 된다'는 말로 순간의 상황을 모면할 수 있습니다. 하지만 이 말은 아이의 생각이 더 자라지 못하게 막아버립니다.

그 나이에 꼭 해야 하는 생각과 하지 말아야 할 생각이 따로 정

아이와 함께 철학 여행을 떠나고 싶다면

해져 있을까요? 여덟 살 아이도 생명이 어떻게 탄생하는지, 어째서 죽음이 찾아오는지, 왜 학교에는 지켜야 할 규칙이 이렇게나 많은지 궁금합니다. 신비롭고 불편하고 아름다운 삶에 대해서 수시로 질문이 떠오릅니다.

그럴 때는 아이가 궁금해하는 질문에 답을 주려는 조급함을 잠시 내려두면 좋습니다. 대신 아이가 궁금해하는 삶 그 자체에 대해, 아이가 발견한 삶의 다채로운 모습에 대해 감탄해 주세요.

④ "지금 이럴 때야?"

→ "오, 진짜 좋은 질문이다. 그런데 지금 먼저 끝내야 할 일이 무엇일까? 네가 궁금해한 이 질문은 나중에 더 이야기할 수 있게 메모해 두자."

아이들의 하루 일과는 빡빡하게 돌아갑니다. 학교 다녀와서, 학원 다녀오고, 숙제하고, 밥 먹고, 씻고, 쉬는 일만 해도 바쁩니다. 그런데 "내가 왜 공부를 해야 하지?" "나는 어떤 사람이지?" 같은 질문은 그 모든 일들을 멈추게 합니다. 가만히 앉아서 생각하는 아이는 할 일을 안 하고 미뤄두는 것처럼 보일 수 있습니다.

멍하니 생각하는 모습을 지켜보는 부모는 아이가 일단 해야 할 일을 마치고 난 다음에 생각을 하길 바랍니다. 이런 답답한 마음에서 "지금이 이럴 때야?"라며 아이를 다그칠 수 있습니다.

그럴 때는 아이가 던진 질문을 칭찬하며 우선 질문의 가치를 인정해 주세요. 그리고 일의 우선순위를 판단할 수 있게 '지금 먼저 끝내야 할 일'이 무엇인지 묻습니다. 아이가 던진 귀한 질문에 당장 매달릴 수 없다면 나중에 또 이야기를 이어갈 수 있게 쪽지에 메모하여 잘 보이는 곳에 붙여둡니다.

⑤ "내 생각은 말이야."
→ "네 생각은 어때?"

삶에서 중요하다고 여겨지는 가치에 대한 부모의 생각을 아이에게 전하는 것은 굉장히 중요합니다. 부모가 시행착오를 겪으며 어렵게 배운 것은 다른 누구에게도, 어디에서도 배울 수 없는 값진 이야기입니다.

그러나 아무리 좋은 이야기라도 상대방이 자기 말만 늘어놓으면 그 대화는 생명을 잃어버립니다. 더 이상 대화가 아니라 설교 또는 강의가 되어버리니까요.

아이와 대화를 하면서 자주 "네 생각은 어때?" 하고 물어봐 주세요. 그리고 귀 기울여 들어주세요. 그러면 아이가 몸소 경험하며 느꼈던 값진 이야기를 들려줄 겁니다.

⑥ "아니, 그게 아니고……."

→ **"~한 이유에서 ~라고 생각했구나. 그런데 내 생각은……."**

아이가 하는 말을 듣다 보면 아이의 생각을 내가 생각하는 방향으로 끌어오고 싶은 마음이 생깁니다. 그럴 때 말을 다 끝마치기도 전에 "아니, 그게 아니고……." 하면서 반박을 하게 됩니다.

아이의 말에 반박할 때는 고급 기술이 필요합니다. 아이가 입체적으로 생각을 할 수 있게 도와주려면 반박하는 일이 반드시 필요한데, 무턱대고 '네 말이 틀렸다'라고 말을 시작하면 아이는 대화하고 싶은 마음이 사라집니다.

그래서 '내가 네 말을 잘 듣고 있다'라는 것을 알리기 위해 먼저 아이가 한 말을 요약해서 말해주는 것이 좋습니다. 그러고 나서 더 생각해 볼 수 있는 다른 측면을 말해주세요.

⑦ "그래, 알았어."

→ **"네 말이 맞다."**

서로의 생각에 반박을 이어가다 보면 아이의 말이 맞는 경우가 생깁니다. 그럴 때 어른은 떨떠름한 표정으로 "알았어." 하고 지나갈 수가 있습니다. 왠지 아이한테 진 것 같은 기분이 들기 때문입니다.

이럴 때는 아이의 논리에 감탄하며 "네 말이 맞다"고 인정해 주세요. 우리는 아이와 싸우기 위해서 대화하는 것이 아니라, 아이가 자신의 삶을 스스로 꾸려나갈 수 있도록 도와주기 위해 대화하는 것이니까요. "네 말이 맞다"고 인정하는 것은 호쾌한 마음을 지닌 사람만이 할 수 있는 멋진 말입니다.

03 대화가 철철 유형

일상 대화에서
철학 대화로 넓혀가기

"엄마, 왜 매일 아침이 와?"

첫째 아이가 세살 무렵 자려고 뒹굴거리다가 저에게 물어보았습니다. 저에게 아침이 오는 것은 너무도 당연하지만, 아이에게는 자고 일어나면 해가 떠오르는 게 참 이상하고 신기한 일입니다. 아이는 낯선 곳을 여행하는 여행자처럼 세계를 바라봅니다. 그래서 어른이 볼 수 없는 것을 발견할 수 있지요.

부모라면 한번쯤은 아이들의 이런 엉뚱한 질문을 받아본 적이 있을 겁니다. 바로 이 질문으로 대화를 나누는 것이 철학 대화입니다. 사실 생각보다 만만합니다. 일상에서 나누는 소소한 대화에서

부터 시작할 수 있습니다. 왜 매일 아침이 찾아오는지, 어째서 하늘은 파란색인지 등 아이들은 자신을 둘러싼 커다란 세계에 궁금한 것이 참 많습니다. 이런 아이들의 엉뚱한 궁금증을 놓치지 않고 다양한 질문을 던져주면 바로 그 자리에서 철학 대화를 시작할 수 있습니다.

그런데 막상 이런 질문을 받으면 부모는 막막합니다. '나도 잘 모르는데'라고 생각하다가 은근슬쩍 질문을 외면하기도 합니다. 그러나 아이의 질문을 외면하면 그 속에 담긴 생각의 씨앗은 그대로 묻혀 자라지 못합니다.

아이들은 여덟 살 이후, 초등학교에 입학하고부터 점점 질문을 쏟아내지 않게 됩니다.[94] 그렇다고 궁금한 점이 없는 것은 아닙니다. 다만 궁금한 것을 꺼내놓고 이야기할 수 있는 시간과 장소가 없을 뿐입니다.

저는 교실에서 운영했던 철학 동아리 아이들에게 '죽음'에 대해 궁금했던 것을 물어보라고 했습니다. 아이들은 기다렸다는 듯이 후두둑 질문을 쏟아냈습니다.

"죽음이란 뭐예요?"

"죽음은 삶과 반대인가요?"

"왜 사람들은 반드시 죽을까요?"

아이와 함께 철학 여행을 떠나고 싶다면

"사람이 죽지 않는다면 세상이 어떻게 변할까요?"

답하기 참으로 곤란한 질문들이지만 사실 이는 정답을 바라고 하는 질문이 아닙니다. 가슴에 품고 있던 궁금증을 꺼내놓으면서 자신이 몰랐던 더 큰 세상에 대해 깊게 알아가고 싶은 아이들만의 성장 욕구를 풀어내는 일이지요.

철학자 버트런드 러셀(Bertrand Russell)은 "철학은 근원적인 물음에 대해 조급하거나 독단적으로 대답하지 않으려는 단순한 시도에서 출발한다"고 했습니다.[95] 아이가 도저히 답하기 힘든 심오한 질문을 던져서 어떻게 말해야 할지 모르겠다면 그저 아이와 함께 이세계의 경이로움에 대해 감탄하면 됩니다.

철학 대화를 할 때 부모는 정답을 말해주려고 애쓰지 않아도 됩니다. 아이가 던진 질문을 붙잡아 다시 질문을 던져보세요. "네 생각은 어때? 그 이유는 뭐야?" 하고 물어보며, 아이의 생각을 따라가 주세요.

어른이 눈치채지 못할 뿐 아이들은 이미 철학을 하고 있습니다. 온몸의 감각을 사용해 커다랗고 낯선 이 세상을 탐험하고 있습니다. 아이가 자신을 믿고 마음껏 궁금해하고 생각할 수 있도록 부모가 도와주는 것이 바로 철학 대화의 핵심입니다.

철학 대화의 주제가 되는 철학 개념

철학에서 다루는 개념을 미리 알고 있으면 중요한 질문을 놓치지 않고 꽉 붙잡을 수 있습니다. 아이가 '왜 숙제를 매일 해야 하는지' 궁금해한다면 '규칙을 왜 지켜야 하는지'에 대한 대화로 발전시킬 수 있기 때문입니다. 규칙도 철학에서 다루는 중요한 개념 중 하나입니다.

개념(概念)의 한자어를 풀이하면 '생각을 가공하는 재료'라는 뜻입니다.[96] 개념이 바로잡혀 있으면 생각을 할 수 있는 좋은 재료를 갖추게 됩니다. 레고 블록이 딱 10개만 있는 아이와 한 박스가 있는 아이가 지을 수 있는 집은 확연하게 다릅니다. 철학에서 다루는 개념을 잘 알아두는 것은 레고 블록을 많이 가지고 있는 것과 비슷합니다.

아이와 함께 다룰 수 있는 철학 개념은 무엇이 있을까요? 크게 '앎과 삶', '가치', '사회' 세 가지 영역으로 나눠볼 수 있습니다.[97]

앎과 삶은 '철학함'의 출발점이라고 할 수 있습니다. 철학은 '특정 분야의 전문 지식이 아니라 철학을 하는 과정을 통해서 나의 앎과 삶에서 부딪히는 절실한 문제를 해결하고 획득한 결과'이기 때문입니다.[98] 그래서 이 영역에서는 '내 삶의 주인이 되기 위해서는 무엇을 해야 할까?'를 핵심 질문으로 다룹니다. 공부, 나의 삶, 자유

영역	핵심 질문	개념
앎과 삶	내 삶의 주인이 되기 위해서는 무엇을 해야 할까?	공부, 나의 삶, 자유, 철학적 문제
가치	인간에게 좋은 삶은 무엇일까?	좋은 삶, 행복, 아름다움, 우정, 용기, 사랑
사회	인간이 어울려 살아가기 위해서 어떻게 행동해야 할까?	권위, 언어, 사과, 방어, 젠더

아이와 함께 다룰 수 있는 철학 개념

등의 개념을 주제로 삼을 수 있지요.

제가 교실에서 아이들과 철학하며 가장 많이 다루었던 영역은 '가치'였습니다. 가치에서는 '인간에게 좋은 삶은 무엇일까?'라는 질문을 합니다. 즉 좋은 삶을 원하는 인간에게 중요한 가치를 다루는 것이죠.

가치는 사람마다 우선하는 것이 다르기 때문에 지극히 개인적이면서도, 누구나 공통적으로 중요하게 여겨지는 것이 있다는 양면적인 특성이 있습니다. 좋은 삶과 행복, 옳음, 아름다움, 평화 또는 우정, 용기 그리고 사랑 등이 포함됩니다.

마지막으로 사회 영역에서는 '인간이 어울려 살아가기 위해서 어떻게 행동해야 할까?'라는 질문을 다룹니다. 사람은 타인과 관계를 맺고 살아가면서 갈등을 빚거나 해결책을 찾아갑니다. 그 과정

아이와 함께 철학 여행을 떠나고 싶다면

에서 만날 수 있는 철학 개념으로 권리, 권위, 외모, 언어, 사과, 방어, 젠더 등이 있습니다.

교과서에서 철학 개념 찾기

철학 개념을 아이와 함께 찾아볼 수 있는 좋은 재료가 있습니다. 바로 아이가 학교에서 공부하는 도덕 교과서입니다. 도덕 교과서는 자신, 타인, 사회·공동체, 자연과의 관계를 바탕으로 내용이 구성됩니다. 나로부터 시작한 동심원이 점점 퍼져나가 자연까지 생각해보게 합니다.

도덕 교과서에서 철학 개념을 찾을 수 있는 방법은 각 단원의 첫 페이지를 확인하는 것입니다. 예를 들어 3학년 도덕 교과서 1단원은 '나와 너, 우리 함께'라는 단원명과 함께 단원에서 배우는 내용이 소개되어 있습니다. 주요 키워드로 친구, 우정이라는 말이 반복적으로 나옵니다. 이 단원에서 배우는 철학 개념은 친구 사이의 우정입니다.

이렇게 도덕 교과서의 단원 소개 페이지만 잘 살펴보아도 지금 이 시기에 꼭 필요한 철학 개념이 무엇인지 알 수 있습니다.

3~6학년은 1년에 한 권의 도덕 교과서를 공부합니다. 1, 2학년

은 도덕 교과서가 따로 없이 1학년은 '학교, 사람들, 우리나라, 탐험', 2학년은 '나, 자연, 마을, 세계'라는 통합 교과서 안에 '바른 생활'이라는 영역으로 들어가 있습니다.

1학년부터 6학년까지 해당 교과서의 각 단원에서 학년별로 배우는 철학 개념을 다음 표와 같습니다. 이 개념들을 이 책에서 다루는 철학 개념의 세 영역, '앎과 삶', '가치', '사회'로 정리했습니다.*

학년	앎과 삶	가치	사회
1학년	약속, 생각, 생활 습관, 학습 습관	우정, 존중, 감사, 배려, 용기	예절, 통일, 생명 존중
2학년	안전, 건강, 감정, 나의 꿈과 끼, 생활 습관, 학습 습관	감사, 사랑, 개방성, 존중, 지속가능성	규칙, 약속, 협력, 자연, 생명 존중
3학년	감정, 인내, 책임감, 가족	우정, 배려, 존중, 사랑, 행복, 절제, 개방성	공익, 규칙, 생명 존중, 문제 해결
4학년	도덕적인 삶, 성실	정직, 존중, 행복, 효, 배려, 관용, 아름다움	예절, 협동, 편견, 통일, 다양한 문화
5학년	감정과 욕구, 사이버 생활, 반성	정직, 긍정, 저작권	예절, 갈등 해결, 인권
6학년	자주적인 삶, 올바른 삶과 도덕적 성찰	공정함, 평화, 행복	나눔과 봉사, 통일, 지구촌 문제 해결

도덕 교과서 속 철학 개념

* 책을 집필하는 2024년 1월 기준, 아직 통합 교과서가 배포되지 않았기에 1, 2학년은 바른 생활 교육과정 중심으로 철학 개념을 추출하였습니다.

아이와 함께 철학 여행을 떠나고 싶다면

철학 개념 활용하기

철학 개념은 철학 대화에서 요긴하게 활용할 수 있습니다. 철학 개념을 북극성 삼아 '개념의 의미를 탐구한다'고 생각한다면 철학 대화가 더 쉬워집니다.

첫 번째로, 먼저 아이가 던진 알쏭달쏭한 질문, 또는 아이가 처한 문제 상황이 어떤 철학 개념과 연결되는지를 찾아보세요. 아이들은 종종 세상의 멸망을 생각할 때가 있습니다. 수업시간에 이야기를 만들어 보라고 하면 세상이 멸망하는 결말을 쓸 때도 참 많았습니다. 저 또한 아이들과 철학을 하기 전에는 아이들이 왜 세상의 멸망을 떠올리는지 이해하기 어려웠습니다. 그런데 아이들에게 세상의 멸망은 중요한 문제였습니다. 이것은 '앎과 삶' 영역에서 나의 삶과 철학적 문제라는 개념과 연결됩니다.

두 번째로 그 개념이 무엇인지 묻는 것입니다. 아이가 '세상이 멸망하면 어떻게 될까?'라는 질문을 한다면 당황하지 말고, '세상이 무엇으로 이루어져 있는지', '끝이란 것은 무엇을 의미하는지', '끝은 좋은 것인지 나쁜 것인지' 물어보면 됩니다. 그리고 아이가 답하는 세상의 놀라운 풍경을 함께 감상하면 됩니다.

또 다른 예를 들어볼까요? 주말 점심이 다 되었는데 아이가 아침부터 스마트폰으로 하루 종일 게임을 하고 있는 상황을 떠올려봅시다. 답답한 마음에 "언제까지 그러고만 있을 거야!"라고 화를 내는 대신 '좋은 삶'이라는 철학 개념으로 아이와 대화를 나눠보세요.

좋은 삶에 대해 스마트폰 사용과 연결하여 질문해 주세요. '스마트폰을 가지고 놀면서 너에게 좋은 점이 무엇이 있는지', '그 좋은 점을 대신 해줄 수 있는 다른 활동은 없는지', '스마트폰을 적절하게 사용하기 위해서는 무엇을 해야 하는지' 아이에게 생각을 물어보세요. 그러면 아이는 지혜로운 답변을 들려줄 겁니다.

세 번째로 철학 개념을 주제로 하는 어린이책을 찾아봅니다. 개념이 무엇인지 묻는 질문은 갑자기 떠올리기 어려운 경우가 있습니다. 그럴 때는 어린이책의 도움을 받을 수 있습니다. 철학 개념과 관련된 어린이책을 아이와 함께 읽고 책의 내용을 따라가며 질문하면 됩니다.

지금까지 철학 개념을 활용하는 간략한 방식을 살펴봤습니다. 다음 장에서는 대화의 방식을 점검할 수 있는 철학 대화의 원칙을 자세히 설명합니다.

아이와 함께 철학 여행을 떠나고 싶다면

6장

아이의 호기심이 샘솟는 철학 대화 3단계

1단계: 듣기

"아이가 하는
말의 의미는 무엇일까?"

아이가 쏟아내거나 이따금씩 툭 던지는 의미심장한 말에 철학의 씨앗이 숨겨져 있습니다. 그 씨앗을 잘 붙잡으면서부터 철학을 시작할 수 있습니다.

아이의 말을 붙잡았다면 씨앗이 뿌리와 가지를 쭉쭉 뻗어나갈 수 있도록 신나서 말을 하는 환경을 만들어줘야 합니다. 어떻게 하면 어른이 아이의 말을 잘 붙잡게 되고, 아이가 신나서 자기 생각을 말하게 될까요?

아주 간단합니다. 바로 아이의 말을 잘 듣는 것입니다. 좀 시시한가요? 그런데 이 듣기는 사실 정말 어려운 기술입니다. 가장 최근

아이와 함께 철학 여행을 떠나고 싶다면

에 아이와 대화를 나누었던 일을 떠올려보세요. 이 세상에 딱 아이만 존재한다는 느낌으로 집중하셨나요? 온전히 아이가 하는 말만 떠올리고 있었나요? 어떤 어른이라도 아이의 말에 매번 온전히 집중하기는 힘듭니다.

아이가 간간이 기침을 하며 말을 한다면 감기가 시작되려나 걱정하기도 하고, '얘가 지금 숙제는 다 하고 이런 이야기를 하고 있는 건가?'라고 생각하기도 합니다. 무엇보다 이 아이에게 뭐라고 답을 줘야 할지 '내가 할 말'을 고민합니다.

이건 부모의 잘못이 아닙니다. 우리의 생각 속도가 말의 속도보다 훨씬 빠르기 때문입니다.[99] 아이가 말을 하는 속도보다 내 머릿속에서 생각을 하는 속도가 더 빠르니 자꾸만 딴마음을 품게 되는 겁니다.

아이의 말 속에 숨겨진 의미를 찾기 위해서는 먼저 말하는 내용에 집중해야 합니다. 어른의 빠른 생각이 아이가 말하는 속도를 이기고 다른 생각으로 달려 나가지 않도록, 아이가 하는 말에 집중할 수 있게 도와주는 기술을 소개합니다.

① 다시 말해줄래?

대화하다가 다른 생각이 떠올랐다면 집중하는 척 지나가지 말고 다시 말해달라고 부탁합니다. 그냥 지나가면 언젠가 탄로가 나고 맙니다. 어른의 흐려진 눈빛, 다른 쪽으로 돌아가는 시선을 아이는 단번에 알아차립니다. 다시 말해달라고 하면 아이들은 기분 나빠하기보다 오히려 좋아합니다. 내 말을 하나도 놓치고 싶어 하지 않는다고 생각하기 때문입니다.

"방금 집중을 못 했어, 미안. 다시 말해줄래?"

이렇게 말하면 아이는 넓은 마음으로 이해해 줍니다.

② 네가 말할 때 나는 너밖에 안 보여

대화할 때 몸도 많은 말을 합니다. 때로는 몸으로 표현되는 것이 말보다 훨씬 많은 의미를 전달할 수 있습니다. 몸을 아이에게 향하고 들어보세요. 내 몸을 아이에게 고정시키는 것은 단순히 듣고 있다는 것을 보여주기 위한 행동이 아닙니다.

'아이가 나에게 하고 싶은 말이 있구나. 아이를 향해 몸과 마음을 열어놓자.' 스스로 주문을 걸며 들을 준비가 된 상태로 몸을 만들어 놓으면 아이에게 집중하기 더 쉬워집니다.

첫째, 핸드폰을 내려놓고 눈을 마주치고 어깨를 나란히 해주세요. 방문을 열기 전에 노크를 하는 것처럼 눈을 마주치며 상대방에게 대화의 시작을 알립니다. 눈을 마주친다는 건 말하고 있는 사람에게 보여주는 애정의 표시입니다.

우리의 관심은 흩어지기 쉬워서 거실에 틀어져 있는 TV, 손안의

아이와 함께 철학 여행을 떠나고 싶다면

핸드폰에 자연스레 시선이 갑니다. 다른 일에 시선이 뺏기지 않도록 TV를 잠시 끄거나 핸드폰을 내려놓습니다.

어깨의 방향도 시선처럼 관심이 가는 곳을 나타냅니다. 대화를 본격적으로 시작할 때는 얼굴만 돌리지 말고 말하는 사람을 향해 어깨도 돌립니다. 내 어깨와 말하는 사람의 어깨가 평행이 되도록 노력합니다. 이야기에 빠져들면 자연스레 몸도 그 사람에게로 숙여집니다.

둘째, 오픈제스처를 취해주세요. 눈과 어깨의 방향이 상대방에게 보이는 관심을 나타낸다면 팔의 모양은 우리의 감정을 드러냅니다. 팔짱은 마음이 닫혀 있다는 느낌이고, 팔로 허리를 짚으면 '어디 한번 들어보자'라는 느낌이지요.

저는 대화를 하다가 팔짱을 끼고 있는 스스로를 발견하면 슬쩍 한쪽 팔을 턱으로 가져갑니다. 꼭 기억하고 싶은 말을 공책에 적으면서 듣기도 합니다.

셋째, 말없이 끄덕여 주세요. 부드러운 눈빛과 말투로 "음~" 또는 "그렇구나"라고 말하거나 아무 말 없이 끄덕이며 듣습니다. 아이가 막힘없이 신나게 이야기하고 있을 때는 배경음악처럼 작은 신호를 보내는 것만으로도 충분합니다. 이 신호는 아이에게 이런 의미를 전달합니다.

"계속 말해봐. 난 너의 생각이 정말 궁금해."

계속 말할 수 있도록 지지받은 아이는 누구라도 깜짝 놀랄 만한 새로운 생각을 발견합니다. 아이의 이야기를 잘 들어준 어른만이 받을 수 있는 선물입니다.

숨은 의미를 파악하는 노른자 찾기

아이의 말에 충분히 집중했다면 이제 본격적으로 숨은 의미를 찾아야 합니다. 바로 대화를 할 때 '달걀프라이'를 떠올리며 듣는 것입니다. '달걀프라이'는 흰자와 노른자로 나눌 수 있죠. 아이가 하는 말도 관찰할 수 있는 부분(흰자)과 숨어 있는 부분(노른자)으로 나누어서 듣습니다. 아이의 말이나 표정, 몸짓 등 실제로 관찰할 수 있는 부분을 흰자라고 생각하며 주변부로 배치하고, 아이가 전하고 싶은 진짜 의미인 노른자를 찾으며 듣는 것입니다.

노른자와 흰자가 함께 있어야 완벽한 달걀프라이가 되는 것처럼, 잘 관찰하여 아이가 하는 말의 의미를 해석해야 완전한 대화가 됩니다.

물론 모든 말을 다 해석하며 들을 필요는 없습니다. 그러나 철학 대화를 할 때는 아이가 하는 말의 뜻이 무엇인지 찾아 나서야 합니다.

아이와 함께 철학 여행을 떠나고 싶다면

일반적으로 사람들은 상대방이 한 말을 요약해서 그대로 이야기해 주는 것을 '좋은 듣기 기술'로 알고 있습니다. 그러나 커뮤니케이션학자 그레이엄 보디(Graham D. Bodie)는 단순히 말을 그대로 돌려주는 것보다 상대방이 한 말을 해석하여 다른 말로 바꾸어 말해주었을 때 더 지지받았다 느낀다고 말합니다.[100]

보디의 이론을 바탕으로 아이의 말을 잘 듣기 위해서는 다음의 세 단계가 필요합니다.

1단계 사건 요약
2단계 아이 입장에서 해석
3단계 숨은 의미 파악

열한 살부터 열두 살까지 아이들로 구성된 철학 동아리에서 '공부란 무엇일까'라는 주제로 철학 대화를 했습니다. 저는 먼저 아이들의 공부 경험을 들어보기로 했습니다. 아이들에게 어떤 마음으로 책상에 앉아서 공부를 하는지 물어보았습니다. 지후가 말했습니다.

"이거 안 하면 엄마한테 혼나겠지?"

선혜도 덧붙였습니다.

"언제 다 하지?"

미성이는 꿈을 가진 사람의 이야기를 했습니다.

"꿈이 의사인 사람은 공부를 잘해야 하잖아요. 꿈을 이루기 위해서 공부하는 사람도 있을 것 같아요. 그런데 대부분은 엄마한테 잔소리를 듣기 싫어서 공부할 것 같아요."

그때 생각에 잠겨 있던 지후가 말을 시작했습니다.

"그런 마음이 있어요. '아, 진짜 내가 공부를 해야겠다' 마음먹고 있는데 엄마가 와서 "공부해야지!" 하면 '때려칠까' 하는 생각이 들어요. 뉴스를 봤는데요, 카이스트 교수님이 '왜 우리나라는 백신이 안 나올까?'라는 이야기를 했어요. 우리나라 학생들과 교육하는 사람들이 창의적이지 않고 틀 안에 갇힌 '우리 생활'을 한대요. 주도적인 학습을 안 하고 있고, 학생들이 강제로 사회적 압박감을 받으면서까지 공부를 하고 있어서 그거에 대한 스트레스로 인해 로봇이 되고 있다고 해요. 주도적으로 생각하거나 문제해결을 하지 못해서 백신이 안 나오고 있다고 했어요. 그 말을 듣고 내가 지금까지 하고 있는 게 이 분이 말하는 거랑 똑같다는 생각이 들었고, 학교에서 이렇게 가르친다는 것에 실망감이 컸어요."

지후는 자신의 생각을 숨도 쉬지 않고 쏟아냈습니다. 이 말에서 노른자를 찾아내야 했습니다. 저는 1단계 사건 요약부터 시작했습니다.

1단계 사건 요약 "카이스트 교수님이 우리나라 교육은 주도적으

아이와 함께 철학 여행을 떠나고 싶다면

로 생각하는 방식이 아니라 주입식이라서 코로나 백신이 나오지 않는다고 했다는 거구나."

1단계는 아이의 말 중에서 핵심 부분을 짚어서 말해주는 것입니다. 이때 중요한 부분은 알 수 있지만 그 상황이 아이에게 어떤 의미로 다가왔는지는 알 수 없습니다.

2단계 아이 입장에서 해석 "너(지후)를 포함한 우리나라 학생들이 주도적으로 생각하고 문제해결을 하면서 공부하지 못하는구나. 압박감을 받으며 공부하고 있어서 답답함을 느끼고 있구나."

2단계에서는 아이 입장에서 말에 담긴 상황, 감정, 생각을 해석합니다. 지후는 우리나라 교육 현실에 답답함을 느끼고 있었습니다. 아이의 입장까지 해석했다면 이제는 말에 숨은 의미를 파악해야 합니다. 지후의 말만으로는 숨은 의미를 파악하기가 어려워 저는 다른 아이들에게 도움을 요청했습니다.

"강요받아서 공부를 하고 있다는 지후의 의견에 대해서 어떻게 생각해?"

미성이가 말했습니다.

"어른들이 잘되라고 하는 소리인데 아이들은 자기가 하고 싶지 않은 걸 계속하니까 스트레스를 많이 받아요."

선혜는 꿈에 대해서 이야기를 이어갔습니다.

"사람마다 꿈이 있잖아요. 그 꿈에 맞는 공부를 하면 좋겠어요. 미용사가 되고 싶은 아이와 판사나 변호사가 되고 싶은 아이가 하는 공부가 다르면 좋겠어요."

저는 반박할 수 있는 사례를 찾아 다시 질문했습니다.

"만약 꿈이 바뀐다면 어떻게 하지?"

그러자 미성이가 잠시 생각하더니 반례를 끌어안을 수 있는 대안을 내놓았습니다.

"기초가 되는 공부는 해야 해요."

아이들은 기초 공부는 필요하다는 미성이의 말에 고개를 끄덕였습니다. 저는 한걸음 더 나아가 현재의 경험을 물어보았던 '어떤 마음으로 책상에 앉아서 공부하고 있는지' 질문에서 '어떤 마음으로 책상에 앉으면 좋을지'로 질문을 바꾸어 아이들이 대안을 탐색할 수 있도록 이끌었습니다. 지후가 대답했습니다.

"공부하는 게 힘들고 어려워도 나 자신이 한 단계 더 올라간다고 생각하면서 공부를 해요."

공부에 대해 길고 긴 대화를 나누고 나니 이제야 지후가 한 말에 숨어 있던 의미를 파악할 수 있었습니다.

아이와 함께 철학 여행을 떠나고 싶다면

3단계 숨은 의미 파악 "강요받아서 공부를 한다고 생각하면 힘들다. 내가 스스로 문제를 해결해 가고 주도적으로 생각하는 공부를 하고 싶다. 그럼에도 반드시 해야 하는 기초 공부를 할 때는, 어렵더라도 이걸 풀면 한 단계 더 올라간다고 생각하며 공부한다."

이날의 대화를 마무리하며 지후는 공부에 대한 자기의 생각을 깨닫고 또 다른 방향으로 발전시킬 수 있어서 좋았다고 했습니다. 아이들은 학교에서 매일 공부하고 있지만 정작 공부에 대해 생각할 수 있는 기회는 적었던 겁니다.

이처럼 요약하고 해석하고 숨은 의미를 찾으며 말을 들어주면, 아이는 자신의 생각과 삶을 또렷하게 인식할 수 있게 됩니다.

2단계: 질문하기

"어떻게
질문해야 할까?"

아이가 하는 말을 충분히 들으면서 정말 필요한 순간에 질문을 던지면 철학 대화를 잘 이끌어나갈 수 있습니다. 이때 주의할 점은 '질문은 아이의 말을 잘 듣기 위해서 하는 것'이라는 점입니다.

대화는 숙제가 아니기 때문에 아이가 어떤 내용을 제대로 알고 있는지 확인하기 위해 질문하면 안 됩니다. 자기 생각을 충분히 말할 수 있도록 곁에서 지지해 주는 것이 우선입니다.

즉 부모는 아이의 생각을 더 잘 이해하고 싶다는 마음으로 질문을 해야 합니다. 이해가 가지 않는 부분에 대해서는 반박을 하고, 추가 설명이 필요한 부분에서는 근거를 요구하면 됩니다. 이렇게 질문하면 아이는 자신의 생각을 또렷하게 인식하고 점점 스스로 생각할 수 있게 됩니다.

여기에서는 생각을 이끌어낼 수 있는 질문 4가지를 소개합니다.

① 근거 찾기 질문 - "왜 그렇게 생각해?"

아이들과 철학 대화를 나누며 가장 많이 하는 질문은 "왜 그렇게 생각해?"입니다. 이 질문은 생각에 대한 이유를 묻습니다. 왜 그렇게 생각하는지 이유를 물어야 아이가 자신이 주장하는 생각의 근거를 찾을 수 있습니다.

지후와 점심시간에 마주 보고 앉아 급식을 먹는 날이었습니다. 저는 아이 한 명을 제 자리 옆에 붙여놓은 책상으로 불러서 같이 밥을 먹는 '점심 식사 데이트'를 매일 이어왔습니다. 그날은 지후가 새 안경을 쓰고 왔습니다. 제가 말했습니다.

"지후야, 안경을 쓰기 시작했구나. 잘 어울린다."

지후가 생글생글 웃으며 대답했습니다.

"그쵸! 애들이 저보고 안경 써서 똑똑해 보인다고 해요."

"맞아. 지후가 좀 똑똑하기는 하지."

여기서 대화를 멈출 수도 있지만, 가만 들어보니 친구들의 말에는 '안경 쓴 사람은 똑똑할 것이다'라는 생각이 숨어 있는 것 같았습니다. 지후에게 물어봤습니다.

"그런데 친구들은 왜 그렇게 생각할까? 안경 쓴 사람은 정말 다 똑똑할까?"

"아니에요. 안경 쓴 사람은 책을 많이 보고 눈이 나빠진 거니까 똑똑할 거라는 편견이 있는 것 같아요."

지후는 친구들의 생각이 편견이라는 것을 찾아냈습니다. 저는 그 근거가 궁금해 조금 더 파고들었습니다.

"그러게. 편견일 수도 있겠다. 왜 안경 쓴 사람은 똑똑하다는 생각이 편견일까?"

"저는 안경 안 썼을 때도 공부를 잘했거든요."

"맞아! 지후는 안경을 쓰나 안 쓰나 공부를 잘하지."

자신감 넘치는 아이의 태도가 멋져보였습니다. 지후는 근거 찾기 질문으로 안경을 쓰는 것과 공부를 잘하는 것은 관련이 없다는 사실을 경험에서 찾아냈습니다.

② 정의 찾기 질문 – "○○은 무엇일까?"

철학 대화에서 제가 제일 좋아하는 질문은 "○○은 무엇일까?"입니다. 대화를 이어가다 어딘가 벽에 부딪혔다는 느낌이 들 때, 아이가 말했던 추상적인 개념에 대해 질문하면 막힌 부분이 뚫리게 됩니다. 추상적인 개념은 손에 잡히는 구체적인 성질이 아닙니다. 그래서 그것이 무엇을 의미하는지 정확히 짚으면 대화를 이어나갈

아이와 함께 철학 여행을 떠나고 싶다면

수 있는 생각의 뿌리를 발견할 수 있습니다.

저는 대화를 이어가면서 지후에게 편견이 무엇인지 질문했습니다.

"그런데 편견은 무엇일까?"

"어떤 틀 속에 있는 상태랑 비슷해요. 나와 다른 생각을 알려고 하지 않는 거예요."

"그럼 틀 속에 있으면 자기가 거기에 있는지 잘 모를 수도 있겠다."

"맞아요. 그런데 틀 밖에서 보면 그 속에 있었다는 것이 답답하게 느껴져요."

대화 중에 꺼낸 편견이라는 추상적인 개념에 대해 짚어보니 지후는 편견에 대한 자신의 생각을 들려주었습니다.

제가 정의 찾기 질문을 좋아하는 이유가 하나 더 있습니다. 정의 찾기 질문이 철학 대화의 주제가 될 수도 있기 때문입니다. '공부란 무엇일까, 자유란 무엇일까, 사랑은 무엇일까?'처럼 인간에게 중요한 가치를 물어보는 질문은 그 자체로 주제가 됩니다.

정의 찾기 질문은 정답이 없습니다. 철학에서 다루는 '무엇일까' 질문은 인간의 역사만큼이나 오래된 것이지요. 그 누구도 정확한 답을 모른다는 뜻이기도 합니다. 그래서 옳고 그름을 따지지 않으면서도 아이가 발견한 놀라운 생각에 마음껏 감탄하면서 대화를 나눌 수 있습니다.

③ 입체적으로 생각하기 질문 - "만약에 ~하다면 어떨까?"

근거를 찾았다면 그에 대한 다른 사례를 들어 아이의 생각에 반박할 수 있습니다. 다른 상황에도 적용이 가능한지 "만약에 ~하다면 어떨까?" 물어보는 것입니다. 다양한 상황에 주장을 적용해 보면서 아이의 생각은 넓고 깊어집니다.

저는 지후와 편견을 깨는 방법에 대해서 이야기를 이어갔습니다.

"그럼 우리 생각을 가로막는 편견이라는 틀을 어떻게 하면 깰 수 있을까?"

"'아는 것이 힘이다'라는 말이 있잖아요. 호기심을 가지면서 알아가려고 노력해야 해요. '저 사람은 저렇게 하는구나, 반대의 생각을 가진 사람은 이렇게 생각할 수도 있구나.' 이렇게요."

지후는 서로 다른 의견도 알아보려고 노력하는 태도를 강조했습니다. 누구나 쉽게 가질 수 없는 좋은 태도지요. 하지만 저는 반박을 해보았습니다.

"그럴 수 있겠네. 그런데 만약 그런 사람에게 줏대가 없다고 하면 어떨까?"

"자기와 다른 의견에 대해서 알아보려고 하는 사람은 줏대 없는

아이와 함께 철학 여행을 떠나고 싶다면

사람이 아니라 포용력이 있는 사람이에요."

"그래, 맞다. 줏대 없는 사람이 아니라 포용력이 있는 사람이라고 할 수 있구나."

지후의 말에 제 생각의 시야가 확 트였습니다.

④ 사례 찾기 질문 - "예를 들어줄래?"

철학 대화에서는 추상적인 개념에 대해서 이야기를 많이 나누기 때문에 "예를 들어줄래?"라는 질문으로 구체적 삶의 경험과 연결시켜 봐야 합니다. 구체적인 사례를 물어보면 아이는 현실에 바탕을 두고 촘촘하게 생각의 근거를 따져볼 수 있습니다.

지후에게 포용력 있는 사람은 누가 있을지 물어보았습니다. 포용력은 우리에게 꼭 필요한 능력이지만 구체적으로 어떤 상황에서 발휘할 수 있는지 이야기를 나눠보고 싶었습니다. 지후가 대답했습니다.

"황희 정승네 집에서 두 노비가 싸운 다음, 한 노비가 황희 정승에게 와서 자신의 억울함을 말했대요. 그랬더니 황희 정승이 "네 말이 옳다"고 했대요. 다른 노비가 와서 자기 입장으로 이야기를 하니 이번에도 "네 말도 옳다"고 했다는 거예요. 옆에서 그 모습을 본 부인이 이 말도 맞고 저 말도 맞으면 어느 쪽이 맞느냐고 물으니 "그 말도 옳다"고 했대요."

"유명한 황희 정승 이야기네. 황희 정승이 양쪽의 말을 다 귀 기울여 듣고 어느 쪽도 편들지 않으니, 노비들이 싸워봤자 소용이 없다는 걸 깨닫고 물러났다고 했지. 지후 말처럼 포용력을 발휘한 이야기를 들으니 나도 실천해 봐야겠다는 생각이 든다."

이처럼 사례 찾기 질문은 우리 삶 속에서 살아 숨 쉬는 사람들의 생생한 이야기를 찾을 수 있게 하고, 이 이야기를 자신의 삶에도 적용할 수 있다는 사실을 가르쳐줍니다.

아이와 함께 철학 여행을 떠나고 싶다면

3단계: 발견하기

"어떤 책으로 이야기를
나눠야 할까?"

철학 대화는 말로만 이어가기 때문에 아이들이 지루해하거나 어려워할 수 있습니다. 그래서 저는 철학 대화를 할 때 어린이책을 활용합니다. 이렇게 말하면 많은 부모님들이 아이가 책을 읽지 않아 고민이라고 합니다.

어린이책 작가 다니엘 페나크(Daniel Pennac)는 '읽다'라는 동사에는 명령형이 먹혀들지 않는다고 말했습니다.[101] 아이에게 "네 방에 들어가서 책 좀 읽어!"라고 말하면 어떨까요? 아이는 방에 들어가서 책상에 앉아 있을 수는 있습니다. 하지만 책을 눈앞에 두고 다른 생각을 하고 있을지, 혹은 꾸벅꾸벅 졸고 있을지는 방 밖에 있는 어른이 알 수 없습니다.

아이에게 책을 읽히는 가장 좋은 방법은 부모가 함께 책을 읽는 것입니다. 책장을 함께 바라보며 부모의 목소리로 읽어주다 보면, 그곳이 어디든 신기하게도 외부의 소란과 소음으로부터 차단된 안전하고 아늑한 공간이 형성됩니다.

아이는 그 신비한 공간만 경험해도 충분합니다. 그곳에서 책을 읽을 때 아이 안에는 철학적 질문이 소복소복 쌓입니다. 거의 모든 어린이책은 철학적 주제를 다루고 있기 때문입니다. 그래서 매번 책을 읽으며 철학 대화를 나눌 필요는 없습니다. 책에 흠뻑 스며들어 가만히 음미하고 싶은 순간을 만끽하는 것만으로도 아이는 이미 철학을 하고 있습니다.

그렇다면 이제 한 가지 문제만 남습니다. 바로 '어떤 책을 골라야 하는지'입니다. 아이가 호기심을 가지고 빠져들 수 있는 책을 고르는 것은 부모의 역할입니다.

저도 손에 잡히는 대로 읽어주던 때가 있었습니다. 열두 살 아이들에게 『똥벼락』이라는 책을 읽어준 적도 있습니다. 분명 이 아이들에게도 똥만 나와도 꺄르르 웃던 시절이 있었을 텐데, 아이들은 처음부터 끝까지 근엄한 표정으로 제 이야기를 들었습니다. 하늘에서 똥이 쏟아지는 클라이맥스에서는 제 목소리도 덜덜 떨리며 높아져 갔지만 아이들은 입술도 씰룩이지 않았지요. 제가 똥벼락을

아이와 함께 철학 여행을 떠나고 싶다면

맞은 기분이었습니다.

그때를 생각하면 아직도 머리카락이 쭈뼛 섭니다. 그날 이후, 아이들과 함께 읽을 책을 어떻게 골라야 할지 고심했습니다. 먼저 도서관과 여러 기관에서 배포하는 권장 도서 목록을 살펴보았지만 너무나 방대해 아이들에게 꼭 맞는 책을 찾기 어려웠습니다.

저는 아이들이 실제로 흥미를 느껴 함께 대화할 수 있는 책의 목록을 만들기 위해 세 가지 기준을 세웠습니다. 바로 재미있는 책, 주변 읽을거리가 풍부한 책, 질문이 생기는 책입니다.

① 재미있는 책

저 자신이 재미있게 읽은 책이 첫 번째 기준입니다. 아이들은 저의 말이 아니라 태도를 읽습니다. 제가 재미없게 읽은 책을 "진짜 완전 재밌더라. 꼭 읽어봐." 하더라도 거짓말이라는 사실을 단박에 압니다.

반대로 정말 재미있게 읽은 책은 가만히 들고 서 있기만 해도 아이들이 제 눈썹 모양과 눈빛만으로도 어떤 책인지 직감합니다. 점점 빨라지는 높은 목소리로 "이 책을 읽다가 밤을 새웠지 뭐야!"라고 말하면 아이들도 제 주파수에 맞춰 함께 진동합니다.

재미있는 책을 찾기 위해서는 많이 읽어야 합니다. 저는 책을 사서 교실 책장 가득 쌓아두었습니다. 교실 한구석에 도서관을 열고

'철학하는 도서관'이라는 이름을 붙였습니다. 아이들이 교실 속 도서관에서 책을 빌리기 시작하면서 어떤 책이 인기가 많은지 통계가 쌓였습니다. 아이들이 좋아하는 책과 제가 좋아하는 책이 겹치는 경우가 많습니다. 그중에도 유독 뜨거운 관심을 받은 책은 '사랑'에 대한 책입니다. 특히 『열 살, 사랑』*과 『열세 살의 여름』**을 빌릴 때는 가위바위보를 해야 할 정도였습니다.

② 주변 읽을거리가 풍부한 책

두 번째 기준은 한 권을 읽더라도 주변 읽을거리가 풍부한 책입니다. 주변 읽을거리는 책의 본문 외에 책을 둘러싸고 있는 표지, 띠지, 저자 소개, 차례 등을 말합니다.

그림책의 경우에는 책의 크기인 판형도 읽을거리가 됩니다. '이 책은 왜 세로로 길쭉할까? 이 책은 왜 이렇게 손바닥만큼 작을까?'라는 질문으로 호기심을 불러일으킬 수 있습니다.

표지에 읽을거리가 풍부해도 좋은 책입니다. 표지의 색깔, 그림, 글자체 등이 궁금증을 일으키면 책을 읽고 싶어집니다. 표지의 구석구석과 띠지에는 책의 편집자가 핵심 내용을 간추려서 적어놓은

---

* 박효미 글·유경화 그림, 웅진주니어, 2022.
** 이윤희 글그림, 창비, 2019.

아이와 함께 철학 여행을 떠나고 싶다면

문장들이 있습니다. 이 문장 중에서 내 마음에 와닿는 것이 있는지 함께 이야기를 나누어도 좋습니다.

저자 소개도 재미있는 읽을거리입니다. 특이한 이력이 있어서 저자에게 궁금증이 생길 수도 있고, 그동안 저자가 썼던 책 중에서 더 읽어보고 싶은 재미있는 제목의 책을 발견할 수도 있습니다.

또 책을 원작으로 한 영화나 연극, 또는 동시, 동화처럼 연결된 다른 장르가 많은 책도 주변 읽을거리가 풍부한 책입니다.

『아름다운 아이』*가 그렇습니다. 이 책은 영화로도 만들어졌고 그림책으로도 나왔습니다. 아이가 상상했던 이야기를 시각적으로 구현한 새로운 세계를 만날 수 있으니 좋습니다. 또 책 속 다양한 인물의 이야기를 새롭게 쓴 외전 『샬롯 이야기』, 『줄리안 이야기』, 『크리스 이야기』도 있습니다.

아이들이 좋아하는 책이 있다면 그 주변 읽을거리를 꼼꼼하게 살피고 함께 즐겨보시길 바랍니다. 책이 펼쳐놓은 세계 속에서 아이가 살 수 있도록 말이지요.

③ 질문이 생기는 책

세 번째 기준은 그냥 질문이 아니라 '삶이 던지는 질문'이 생기

---

* R. J. 팔라시오, 천미나 옮김, 책과콩나무, 2023.

는 책입니다. 여기에서는 『꼴뚜기』*를 소개합니다. 이 책은 초등학교 5학년 3반 아이들이 교실과 학원, 동네에서 겪은 이야기를 엮은 단편집입니다. 그중 「오! 특별 수업」 편에서는 교장선생님의 지시로 아이들이 각종 생명을 기르게 됩니다. 5학년 1반은 잉어, 2반은 닭, 3반은 고추와 가지, 토마토를 기르죠. 그런데 닭장에 있어야 할 닭이 뛰쳐나와 텃밭을 망쳐놓으며 각 반의 아이들이 다투기 시작합니다. 주인공 길이찬은 특별 수업에서 '소중한 생명들끼리 싸우면 어떻게 해야 하는지 모르겠다'는 자신의 생각을 솔직하게 씁니다.

저는 아이들이 계속 싸우다가 주인공의 감상문으로 끝나버리는 이 내용을 가지고 어찌 수업을 해야 할지 막막했습니다. 머리를 싸매고 고심하다 아이들에게 물었습니다.

"생명들은 자기가 더 중요하다고 싸우나요?"

도준이가 말했습니다.

"생명은 자기가 더 중요하다고 싸우는 게 아니에요. 자기가 살아야 가족들을 먹여 살릴 수 있으니 어쩔 수 없이 다른 동물을 잡아먹는 거예요."

도준이는 텃밭에서 지렁이를 잡아먹는 닭을 보며 일하시는 부

* 진형민 글·조미자 그림, 창비, 2013.

아이와 함께 철학 여행을 떠나고 싶다면

모님을 떠올렸습니다. 부모님이 우리를 위해 힘들게 일하고 계시다는 걸 평소 가슴에 품고 있었던 것입니다. 저는 도준이가 마냥 해맑게 노는 모습만 봐왔기에 이런 깊은 생각을 하고 있을 줄 몰랐습니다.

이렇듯 삶이 던지는 질문을 하면 아이들이 마음속에 묻어둔 깊은 생각을 꺼냅니다. 그래서 질문을 주고받을 수 있는 책이 중요합니다.

책 속에 질문이 있다

책을 읽고 어떻게 질문을 꺼내야 할지 막막한 부모도 있을 겁니다. 그런 분들을 위해 어떤 책을 읽더라도 적용할 수 있는 만능 질문을 소개하겠습니다.

① 책에 대한 생각을 꺼내는
"이 문장 또는 장면에 대해서 어떻게 생각해?"

전체 내용에 대해 생각을 말하라고 하면 아이들은 대답하기 어려워합니다. 책이 내면에서 어떤 생각을 만들어내기 위해서는 디딤돌이 필요합니다. 책 속 문장이나 한 장면에 대한 감상을 물어보는 것이 그 디딤돌이 될 수 있습니다.

아이 마음속에 남은 구체적인 문장이나 장면이 무엇인지 먼저 살펴봐 주세요. 함께 읽은 부모 마음속에 남은 문장이나 장면이 무엇인지 들려주어도 좋습니다. 그 부분을 다시 읽으면서 어떤 생각이 들었는지 물어보면 아이는 자신의 생각을 꺼내기가 쉬워집니다.

② 아이와 삶과 책을 연결시키는 "너도 이런 경험 있어?"

책을 아이 삶과 연결시킬 수 있는 질문이 있습니다. 주인공이 겪는 경험을 살피고, 아이에게도 그런 경험이 있는지 물어보는 것입니다.

직접적으로 "잘하고 싶은 일이 있는데 맘대로 안 되서 속상했던 적이 있어?"라고 물으면 아이도 경험이 잘 떠오르지 않거나, 말하기 싫을 수도 있습니다. 그러나 책 속 인물이 어떤 어려움에 부딪혀서 마음대로 안 되어 속상해하지만 그래도 다시 한번 도전하는 이야기를 읽으면 아이는 '나만 그런 것이 아니구나.' 하고 안도하게 됩니다. 그래서 편하게 자신의 경험을 꺼낼 수 있습니다.

책의 내용이 내 삶에 파고들어 오면서 조금씩 자신감이 붙는 스스로의 모습을 발견하게 된 아이들은 손에서 책을 놓기가 어려워집니다.

③ 책의 주제를 찾는 "이 책에서 가장 중요한 단어는 무엇일까?"

책의 구체적인 장면을 살펴보고, 자신의 경험과도 연결시켜 보았다면 주제를 찾을 준비가 되었습니다. 주제를 찾는 것은 핵심 내용을 파악하는 중요한 작업입니다. 핵심이 무엇인지 알아야 그 내용을 바탕으로 자신의 생각을 펼쳐나갈 수 있습니다.

주제는 책에서 중요한 단어를 뽑아보는 것으로 시작할 수 있습니다. 주제를 생각하는 것보다 중요한 단어를 생각하는 것이 더 쉽습니다. 아이들이 발견하는 중요한 단어는 삶의 중요한 가치와도 연결되어 있는 경우가 많습니다. 우정, 사랑, 행복, 자유와 같은개념들은 책에서 자주 등장하는 가치들입니다. 이 가치는 철학 개념으로 연결됩니다.

책에서 철학 개념을 찾고, 그 개념에 대해서 자신의 의견을 말해 본 아이들은 생각을 튼튼하게 쌓을 수 있는 재료를 풍부히 갖게 됩니다.

세상은 하늘과 구름과
햇님으로 이루어져 있다

철학 버스가 이제 여행의 끝을 향해 달려갑니다. 함께 둘러본 삶의 다채로운 풍경 중에서 유독 어떤 풍경이 마음에 남았는지 한 분 한 분께 여쭤보고 싶습니다. 여러분이 새로이 발견한 생각 씨앗이 어떤 모양과 색으로 자라날지 궁금하고 기대됩니다.

사실 같이 철학을 해보자고 말하기까지 많이 망설였습니다. 엄마가 되어 보니 정말 할 일이 많더군요. 아이의 요구는 시시때때로 진화하여 저의 모든 것을 원하고 그 요구에 응답하다 보면 내가 나로 살고 싶은 욕구는 증발해 버리는 듯했습니다. 그런 부모의 팍팍한 삶을 알면서 철학까지 해보라고 권유하면 짐만 더 얹는 것이 아닌가 싶었습니다.

그런데도 철학을 하지 않으면 무슨 재미로 아이와 함께 살 수 있을까 싶었습니다. 무언가를 빨리 잘 해내야 한다는 압박감에서 벗어나 아이의 열린 눈으로 세상을 바라 볼 수 있는 일상의 작은 한 토막을 지켜내고 싶었습니다. 아이의 눈은 매번 저를 새롭게 태어나게 하고 살아 있게 했습니다. 첫째 아이와 산책을 하며 물어보았습니다.

"세상은 무엇으로 이루어져 있을까?"

"세상?"

"응. 우리가 살고 있는 이 세상."

저는 허공을 향해 팔을 크게 휘둘렀습니다. 아이는 대답이 없었습니다. 아직 네 살에게는 너무 어려운 질문일까 싶어 설명을 덧붙였습니다.

"자동차는 바퀴, 엔진, 창문 이런 것으로 이루어져 있잖아. 우리가 사는 세상은 무엇으로 이루어져 있을까?"

아이는 이제 알겠다는 듯이 콩콩 뛰면서 말했습니다.

"하늘!"

아이의 작은 키 너머로 높고 푸른 하늘이 펼쳐져 있었습니다. 아이는 들뜬 목소리로 말했습니다.

"그리고 구름! 그리고 햇님!"

아이는 자신의 생각이 만족스러운 듯 환하게 웃었습니다. 우리는 같이 하늘과 구름과 햇님을 바라보았습니다. 언제나 그 자리에 있으면서 우리를 살아 있게 하늘과 구름과 햇님.

하늘과 구름과 햇님처럼 언제나 그 자리에 있으면서 저를 살아 있게 하는 수많은 존재들을 떠올립니다. 제가 문제에 부딪힐 때마다 자신의 문제처럼 함께 머리 싸매고 핵심을 꿰뚫는 질문을 해주는 나의 사랑 한솔과 우리의 부모님, 하나뿐인 동생 그리고 두 아이. 이들 덕분에 저는 어떤 모퉁이에서도 새로운 길을 발견할 수 있었습니다.

이 책 역시 하늘과 구름과 햇님 같은 분들 덕분에 만들 수 있었습니다. 김단비 편집자님은 제 원고를 발견해 주시고, 이 책을 세상에 태어나게 해주셨어요. 편집자님은 땅속에 묻혀 있던 아이들의 목소리에 잔뜩 묻어 있는 의미를 발견해 주셨지요. 그 의미를 향해 나아갈 때 제가 글 위에서 마음껏 길을 잃을 수 있게, 그리고 다시 길을 만들 수 있게 지지해 주셔서 감사합니다. 책의 제목을 지어주신 김선식 대표님과 책의 모양을 다듬어주신 디자이너님, 책에 그림을 그려주신 계남 작가님을 비롯해 판권면에 적힌 모든 분들께도 감사드립니다. 이 원고를 여러 번 읽고 더 좋은 책을 만들기 위해 회의하는 장면을 상상만 해도 저는 혼자가 아니라는 생각에 벅차게 감동했고 안심했습니다.

아이들과 마음을 나누는 법을 알려주신 김광수, 김유미 교수님, 어린이책을 함께 읽는 게 얼마나 재미있는 일인지 알려주신 신현희 선생님께 감사드립니다. 제가 교실에서 울고 있을 때 퇴근길에 들려 제 어깨를 토닥여주시고 밥을 사주신 동료 선생님들께도 감사드립니다. 선생님들 덕분에 저는 눈물을 훔치고, 다시 아이들 곁으로 돌아와 아이들의 목소리에 집중할 수 있었습니다. 함께 책을 읽으며 생각을 나누어주신 북스맘스, 북클럽 철철, 알쏭달쏭 멤버들에게도 감사드립니다.

원고를 읽고 의견을 준 권혁인, 김미주, 김설아, 이소리, 이하희, 이한샘, 이현아, 조시온, 조우리에게도 감사드립니다. 거친 초고를 읽고도 격려를 아끼지 않은 친구들 덕분에 용기를 낼 수 있었습니다.

어린이책의 세계를 함께 탐험하며 삶의 씨앗을 함께 발견하는 든든한 동료, 좋아서 하는 그림책 연구회 선생님들께 감사드립니다.

제가 온라인으로 철학 수업을 하고 원고를 쓰는 동안 저희 가족 곁을 지켜주신 엄마 지금순과 아빠 우종복께 감사드립니다.

마지막으로 아이들에게 꼭 하고 싶은 말이 있습니다. 서로 알아보지 못하게 특징을 바꾸고, 가명을 썼지만 지어낸 이야기가 아니기에 자신의 이야기를 알아보는 아이들도 있을 텐데요. 아마 내가 이런 멋진 말을 했었나 놀랄지도 모릅니다.

이 모든 것은 너희가 나에게 마음을 열어준 덕분이야.

너희가 발견한 생각을 기쁘게 나누어주어 고마워.

2024년 2월
우서희

참고문헌

개러스 매슈스, 남기창 옮김, 『아동기의 철학』, 필로소픽, 2013.

김혜숙·김혜진, 『철학수업 레시피』, 교육과학사, 2017.

데이비드 봄, 강혜정 옮김, 『대화란 무엇인가』, 에이지21, 2021.

벨 훅스, 이다현·박상옥 옮김, 『비판적 사고 가르치기: 실천적 지혜』, 박영스토리, 2019.

알라딘 도서팀, 『철학. 책: 서양철학』, 알라딘 이벤트, 2020.

이석재·김재헌·오아론·조민수, 『좋은 삶을 위한 가치 수업』, 북하우스, 2023.

이지애·박현주·이영주·손아영·이소연, 『육아의 모든 순간, 필요한 건 철학이었다』, 알에 이치코리아, 2020.

제나 모어 론, 강도은 옮김, 『그림책 읽어주는 엄마, 철학하는 아이』, 한권의책, 2013.

제임스 고든 핀레이슨, 서요련 옮김, 『하버마스 입문』, 필로소픽, 2022.

지바 마사야, 김상운 옮김, 『현대사상 입문』, 아르테, 2023.

카타리나 차이틀러, 황택현·김수정 옮김, 『그림책이 있는 철학 교실』, 시금치, 2020.

캐럴 길리건, 이경미 옮김, 『침묵에서 말하기로』, 심심, 2020.

페리 노들먼, 김서정 옮김, 『어린이 문학의 즐거움 1』, 시공주니어, 2001.

페리 노들먼, 김서정 옮김, 『어린이 문학의 즐거움 2』, 시공주니어, 2001

프랑수아 갈리셰, 강주헌 옮김, 『아이와 함께 철학하기』, 문학동네, 2010.

프레데릭 르누아르, 강만원 옮김, 『아이와 함께 철학하기』, 김영사, 2019.

한국 철학적 탐구공동체 연구회, 『생각하는 교실, 철학하는 아이들』, 맘에드림, 2019.

Matthew Lipman, Ann Margaret Sharp, Frederick S. Oscanyan, 박찬영 옮김, 『교실 속 어린이 철학』, 씨아이알, 2020.

미주

1 켄 크림슈타인, 최지원 옮김, 『한나 아렌트, 세 번의 탈출』, 더숲, 2019.

2 한나 아렌트, 서유경 옮김, 『과거와 미래 사이』, 한길사, 2023.

3 위의 책.

4 위의 책.

5 Joseph Raz, 『Morality of Freedom』, Oxford Unibersity, 1988.

6 스콧 허쇼비츠, 안진이 옮김, 『못 말리게 시끄럽고 참을 수 없이 웃긴 철학책』, 어크로스, 2023.

7 신정근, 『논어』, 한길사, 2012.

8 이치억(2019), 공자사상에서 호학(好學)의 의미와 중요성, 『유학연구』 46(0), 279-298.

9 이유정(2023), 「논어(論語)」에 나타난 배움[學]의 논리적 구조, 『교육철학연구』 45(1), 51-75.

10 신정근, 『논어』, 한길사, 2012.

11 이지, 『속 분서』, 한길사, 2007.

12 플라톤, 이상인 옮김, 『메논』, 아카넷, 2019.

13 김일우(2023), 고위험 인공지능시스템의 기본권 침해에 관한 헌법적 연구, 서강대학교 일반 대학원 박사학위 논문.

14 제임스 클레이튼, "페북 전 직원, '페이스북, 아동 정신건강 피해 알면서도 숨겨'", BBC, 2021년 10월 6일, https://www.bbc.com/korean/news-58812860

15 김일우(2023), 고위험 인공지능시스템의 기본권 침해에 관한 헌법적 연구, 서강대학교 일반 대학원 박사학위 논문.

16 니컬러스 카라다스, 정미진 옮김, 『손 안에 갇힌 사람들』, 흐름출판, 2023.

17 김수진(2023), 존 스튜어트 밀 사망 150주년 현대사회에서 개인의 자유가 갖는 의미: 존 스튜어트 밀을 돌아보며, 『지식의 지평』 (34), 160-174.

18 존 스튜어트 밀, 서병훈 옮김, 『자유론』, 책세상, 2018.

19 김수진(2023), 존 스튜어트 밀 사망 150주년 현대사회에서 개인의 자유가 갖는 의미: 존 스튜어트 밀을 돌아보며,『지식의 지평』(34), 160-174.

20 존 스튜어트 밀, 서병훈 옮김,『자유론』, 책세상, 2018.

21 위의 책.

22 위의 책.

23 권경휘(2012), 혐오표현의 수행성과 그것에 대한 저항: 표현을 통하여 무언가를 행하는 법,『법과 사회』63, 151-188.

24 마이클 톰슨·캐서린 오닐 그레이스·로렌스 J. 코헨, 김경숙 옮김,『어른들은 잘 모르는 아이들의 숨겨진 삶』, 양철북, 2012.

25 네이딘 스트로슨, 홍성수·유민석 옮김,『혐오』, 아르테, 2023.

26 위의 책.

27 스콧 허쇼비츠, 안진이 옮김,『못 말리게 시끄럽고 참을 수 없이 웃긴 철학책』, 어크로스, 2023.

28 괴롭힘 상황에서 방어의 행동에 대한 두 가지 주요한 요인인 성격강점과 학급규준의 관계는 저의 논문에서 확인하실 수 있습니다. 우서희(2015), 성격강점과 괴롭힘 방어행동의 관계에서 학급규준의 조절효과, 서울교육대학교 석사학위논문.

29 안광복,『처음 읽는 서양 철학사』, 어크로스, 2017.

30 버트런드 러셀, 송은경 옮김,『인생은 뜨겁게-버트런드 러셀 자서전』, 사회평론, 2014.

31 안광복,『처음 읽는 서양 철학사』, 어크로스, 2017.

32 위의 책.

33 유네스코와 유산, 비키니 환초 핵 실험지, https://heritage.unesco.or.kr/%EB%B9%84%ED%82%A4%EB%8B%88-%ED%99%98%EC%B4%88-%ED%95%B5-%EC%8B%A4%ED%97%98%EC%A7%80/

34 Statement: The Russell-Einstein Manifesto.

35 문재현,『학교폭력, 멈춰!』, 살림터, 2016..

36 심리학자 스탠리 밀그램이 뉴욕에서 실행한 '하늘 올려다보기 실험'을 재구성하여 EBS 다큐멘터리 <인간의 두 얼굴>(2008)에서 실행했다.

37 브라이언 헤어·버네사 우즈, 이민아 옮김, 『다정한 것이 살아남는다』, 디플롯, 2021.

38 이선형(2019), 용서함과 용서됨-용서에 관한 히에로니미와 노비츠의 논의를 중심으로, 『한국 철학학회』 138, 75-96.

39 Novitz, David. 1998. "Forgiveness and Self-Respect." Philosophy and Phenomenological Research 58(2): 299-315. 이선형 재인용.

40 이선형(2019), 용서함과 용서됨-용서에 관한 히에로니미와 노비츠의 논의를 중심으로, 『한국 철학학회』 138, 75-96.

41 아론 라자르, 윤창현 옮김, 『사과에 대하여』, 바다출판사, 2020.

42 칼 로저스, 오제은 옮김, 『칼 로저스의 사람-중심 상담』, 학지사, 2007.

43 아론 라자르, 윤창현 옮김, 『사과에 대하여』, 바다출판사, 2020.

44 임마누엘 칸트, 백종현 옮김, 『윤리형이상학』, 아카넷, 2012.

45 조극훈(2021), 응보주의 형벌론과 교정 정의, 『교정담론』 15(1), 69-91.

46 강은아(2020), 칸트의 우정론은 우정에 반하는가?, 『철학연구』(62), 79-99.

47 위의 논문.

48 임마누엘 칸트, 백종현 옮김, 『윤리형이상학』, 아카넷, 2012.

49 위의 책.

50 강은아(2020), 칸트의 우정론은 우정에 반하는가?, 『철학연구』(62), 79-99.

51 안젤라 Y. 데이비스, 성운 옮김, 『여성, 인종, 계급』, 아르테, 2022.

52 Rhee, S. C., Woo, K. S., & Kwon, B. (2012). Biometric study of eyelid shape and dimensions of different races with references to beauty. Aesthetic plastic surgery, 36, 1236-1245. 임소연(2022), 「인문잡지 한편 9 외모」, K-성형수술의 과학.에서 재인용.

53 로버트 노직, 김한영 옮김, 『무엇이 가치있는 삶인가: 소크라테스의 마지막 질문』, 김영사, 2014. 김원영, 『실격당한 자들을 위한 변론』, 사계절, 2018. 8장 아름다울 기회의 평등에서 외모를 초상화처럼 바라보기에 로버트 노직을 인용한 것에서 아이디어를 얻었다.

54 존 버거, 최민 옮김, 『다른 방식으로 보기』, 열화당, 2012.

55 위의 책.

56 E. H. 곰브리치, 백승길, 이종승 옮김, 『서양 미술사』, 예경, 2017.

57 위의 책.

58 앙드레 기고, 『사랑의 철학』, 김병욱 옮김, 개마고원, 2008.

59 에리히 프롬, 황문수 옮김, 『사랑의 기술』, 문예출판사, 1976.

60 추정완(2018), 프롬의 사랑론에 관한 연구, 『윤리교육연구』(48), 33-58.

61 에리히 프롬, 황문수 옮김, 『사랑의 기술』, 문예출판사, 1976.

62 박찬영(2015), 에로스에 대하여, 『초등도덕교육』(48), 73-106.

63 이은하(2022), 초등 고학년 대상 이성교제 프로 그램 개발과 실행연구, 『학습자중심
    교과교육 연구』22(20), 535-556.

64 프란스 드 발, 이충호 옮김, 『차이에 관한 생각』, 세종서적, 2022.

65 위의 책.

66 LaFreniere, P.(2011). Evolutionary functions of social play: Life histories, sex
    differences, and emotion regulation. American Journal of Play, 3(4), 464-488.

67 Nelson, Anders.(2005). "Children's toy collections in Sweden—A less
    gender-typed country?." Sex roles 52: 93-102.

68 질 들뢰즈·펠릭스 가타리, 김재인 옮김, 『천 개의 고원』, 새물결, 2001.

69 위의 책.

70 조광제, 『들뢰즈와 가타리의 『천 개의 고원』, 「서론: 리좀」 읽기』, 세창미디어, 2023.

71 위의 책.

72 위의 책.

73 서은국, 『행복의 기원』, 21세기북스, 2021.

74 안광복, 『처음읽는 서양 철학사』, 어크로스, 2007.

75 편상범(2022), 에우다이모니아와 행복, 『철학사상』(83), 49-80.

76 로버트 노직, 김한영 옮김, 『무엇이 가치있는 삶인가: 소크라테스의 마지막 질문』,
    김영사, 2014.

77 알베르 카뮈, 박인주 옮김, 『시지프 신화』, 열린책들, 2020.

78 권석만,『인간의 긍정적 성품, 긍정심리학의 관점』, 학지사, 2011.

79 마틴 셀리그만, 우문식·윤상운 옮김,『마틴 셀리그만의 플로리시』, 물푸레, 2020.

80 권석만,『인간의 긍정적 성품 -긍정 심리학의 관점-』, 학지사, 2011. 권석만,『긍정심리학 -행복의 과학적 탐구』, 학지사, 2008. 참고.

81 훌리안 마리아스, 강유원·박수민 옮김,『철학으로서의 철학사』, 유유, 2016.

82 셸리 케이건, 박세연 옮김,『죽음이란 무엇인가』, 웅진지식하우스, 2023. 참고.

83 위의 책.

84 위의 책. 셰이건 교수는 10달러가 든 봉투와 1000달러가 든 봉투로 예시를 들었습니다.

85 김도현, 김상현(2023), 인생은 살아야 할 가치가 있는가에 대한 윌리엄 제임스의 응답: 한국 사회와 교육에 주는 시사,『교육연구논총』44(2), 5-41.

86 정해창(2010), 윌리엄 제임스의『실용주의』(1907).『철학과 현실』, 250-256.

87 미하엘 하우스켈러, 김재경 옮김,『왜 살아야 하는가』, 추수밭, 2021.

88 James, W.(1899). On a certain blindness in human beings. In W. James, Talks to teachers on psychology--and to students on some of life's ideals (pp. 229–264). Metropolitan Books/Henry Holt and Company.

89 김도현, 김상현(2023), 인생은 살아야 할 가치가 있는가에 대한 윌리엄 제임스의 응답: 한국 사회와 교육에 주는 시사,『교육연구논총』44(2), 5-41.

90 윌리엄 제임스, 박윤정 옮김,『삶은 살만한 가치가 있는 걸까』, 오엘북스, 2022.

91 James, W.(1899). What makes a life significant? In W. James, Talks to teachers on psychology--and to students on some of life's ideals (pp. 265-301). Metropolitan Books/Henry Holt and Company.

92 미하엘 하우스켈러, 김재경 옮김,『왜 살아야 하는가』, 추수밭, 2021.

93 바바라 J. 패터슨·파멜라 브래들리, 강도은 옮김,『무지개 다리 너머』, 물병자리, 2007.

94 개러스 매슈스, 남기창 옮김,『아동기의 철학』, 필로소픽, 2013.

95 버트런드 러셀, 박영태 옮김,『철학의 문제들』, 이학사, 2000.

96 박준영,『철학, 개념 고대에서 현대까지』, 교유서가, 2023.

97 2015 개정 고등학교 철학 교육과정을 참고하여 초등학생이 다룰 수 있는 영역으로 재구성하였습니다.

98 홍윤기·박연숙·신정근·안광복·윤이정·이재철·이진오·전종윤·지혜인·최승일·홍다은, 『고등학교 철학 교사용 지도서』, 천재교과서, 2018.

99 케이트 머피, 김성환·최설민 옮김, 『좋은 관계는 듣기에서 시작된다: 듣기의 기술이 바꾸는 모든 것에 대하여』, 21세기 북스, 2021.

100 Bodie, G. D., Cannava, K. E., & Vickery, A. J.(2016). Supportive communication and the adequate paraphrase. Communication Research Reports, 33(2), 166-172.

101 다니엘 페나크, 이정임 옮김, 『소설처럼』, 문학과지성사, 2018.

초판 1쇄 인쇄 2024년 2월 1일
초판 1쇄 발행 2024년 2월 13일

지은이 우서희
펴낸이 김선식

부사장 김은영
콘텐츠사업2본부장 박현미
기획편집 김단비 **책임마케터** 문서희
콘텐츠사업7팀장 김단비 **콘텐츠사업7팀** 권예경, 이한결, 남슬기
마케팅본부장 권장규 **마케팅1팀** 최혜령, 오서영, 문서희 **채널1팀** 박태준
미디어홍보본부장 정명찬 **브랜드관리팀** 안지혜, 오수미, 김은지, 이소영
뉴미디어팀 김민정, 이지은, 홍수경, 서가을, 문윤정, 이예주 **지식교양팀** 이수인, 염아라, 석찬미, 김혜원, 백지은
크리에이티브팀 임유나, 박지수, 변승주, 김화정, 장세진, 박장미, 박주현
편집관리팀 조세현, 백설희, 김호주 **저작권팀** 한승빈, 이슬, 윤제희
재무관리팀 하미선, 윤이경, 김재경, 이보람, 임혜정
인사총무팀 강미숙, 지석배, 김혜진, 황종원
제작관리팀 이소현, 김소영, 김진경, 최완규, 이지우, 박예찬
물류관리팀 김형기, 김선민, 주정훈, 김선진, 한유현, 전태연, 양문현, 이민운
외부스태프 디자인 스튜디오 수박 일러스트 계남

펴낸곳 다산북스 **출판등록** 2005년 12월 23일 제313-2005-00277호
주소 경기도 파주시 회동길 490 다산북스 파주사옥
전화 02-704-1724 **팩스** 02-703-2219 **이메일** dasanbooks@dasanbooks.com
홈페이지 www.dasan.group **블로그** blog.naver.com/dasan_books
용지 스마일몬스터피앤엠 **인쇄** 민언프린텍 **제본** 다온바인텍 **코팅 및 후가공** 제이오엘앤피

ISBN 979-11-306-5065-4 (03370)

다산북스(DASANBOOKS)는 독자 여러분의 책에 관한 아이디어와 원고 투고를 기쁜 마음으로 기다리고 있습니다.
책 출간을 원하는 아이디어가 있으신 분은 다산북스 홈페이지 '원고투고'란으로 간단한 개요와 취지, 연락처 등을 보내주세요.
머뭇거리지 말고 문을 두드리세요.